浙江省普通高校"十三五"新形态教材

国家级"关务与外贸服务"专业教学资源库课程配套教材

国际贸易系列教材

CUSTOMS CLEARANCE AND
INSPECTION PRACTICE

报关报检实务

（第 2 版）

主　编◎朱　简　　曹晶晶

副主编◎杨佳骏　　季晓伟　　龚江洪　　刘小聪

　　　　黄逾白　　叶丽芳　　芮宝娟

ZHEJIANG UNIVERSITY PRESS
浙江大学出版社
·杭州·

图书在版编目（CIP）数据

报关报检实务 / 朱简，曹晶晶主编. -- 2版.

杭州：浙江大学出版社，2025.2. -- ISBN 978-7-308
-25974-3

Ⅰ. F752.5；R185.3

中国国家版本馆CIP数据核字第20259MQ160号

报关报检实务（第2版）

BAOGUAN BAOJIAN SHIWU

朱　简　曹晶晶　主编

丛书策划	朱　玲	
责任编辑	陈丽勋	
责任校对	朱　辉	
装帧设计	春天书装	
出版发行	浙江大学出版社	
	（杭州市天目山路148号　邮政编码310007）	
	（网址：http://www.zjupress.com）	
排　　版	杭州林智广告有限公司	
印　　刷	杭州捷派印务有限公司	
开　　本	787mm×1092mm　1/16	
印　　张	13.5	
字　　数	290千	
版 印 次	2025年2月第2版　2025年2月第1次印刷	
书　　号	ISBN 978-7-308-25974-3	
定　　价	45.00元	

浙江大学出版社市场运营中心联系方式：0571-88925591；http://zjdxcbs.tmall.com

党的二十大报告指出，当今世界百年未有之大变局加速演进，我国发展面临新的战略机遇。当前我国货物贸易进出口量屡创新高，连续多年保持货物贸易第一大国地位，新产业、新业态、新模式不断涌现。关务作为国际贸易中不可或缺的环节，对企业的物流周期和成本、贸易便利化都有着直接的影响。本教材自2019年8月首次出版以来，受到广大高职院校师生的高度评价。面对新形势和"职教20条"带来的新变革，我们及时修订，更新内容。本教材亦是国家级、省级教学创新团队和浙江省高水平专业群国际经济与贸易专业群建设成果。

本教材旨在为学生学习提供系统的专业知识和技术技能，培养他们良好的职业素质和行动能力，满足关务与外贸服务领域高质量发展对高素质技能人才的需求。教材编写团队由高校教师和企业专家共同组成，深入外贸、货代及报关企业，亲身体验并详细了解企业的实际报关操作及岗位要求情况，也对企业案例进行了整理和分析。本次修订，结合海关总署相关政策法规的变化更新内容，并更新了视频、案例、习题等配套教学资源。本教材既可作为高等院校商贸类相关专业的教材，又可作为企业关务从业人员的参考用书或培训用书。

本教材既有理论基础知识，又有关务操作，是一本融理论和实操于一体的实用教材。教材从海关基础知识、海关主要管理制度、出入境货物检验检疫申报等理论开始，介绍保税与自贸区货物监管、一般进出口货物监管、减免税货物监管、暂准进出境货物监管及其他进出口货物监管等实务操作，最后介绍报关单数据申报、税费核算和商品归类。学生通过学习和训练，将熟悉海关的监管体制，掌握进出口通关业务流程中各环节的业务知识和操作技能。

本教材提供丰富的配套教学资源，如课程标准、课件、动画视频、教学案例、实训技能训练、知识扩展、海关小课堂和项目测试等资料，同时链接智慧职教MOOC学院平台。这些资料可以向出版社索取，也可以联系编者（446311963@qq.com）。本教材配套在线课程已在智慧职教MOOC学院平台和浙江省高等学校在线开放课程共享平台上线，供广大读者参考使用。

本教材由义乌工商职业技术学院朱简、曹晶晶主编，杨佳骏（重庆市直通物流有限公司）、刘小聪（义乌市义通欧物流有限公司）、季晓伟、龚江洪、黄逾白、叶丽芳、芮宝娟（浙江经济职业技术学院）为副主编。我们也参阅了领域内同行的有关教材和文献资料，在此一并表示衷心感谢！

由于编者水平有限，书中难免存在疏漏和不足之处，敬请广大同行、专家和读者指正。在使用过程中，恳请读者继续给予宝贵的意见和建议，以便我们及时修订。

编　者
2025年1月

海关基础知识

知识目标

▲ 掌握海关作为进出境管理机构的职能和特点；

▲ 了解中国海关和世界海关组织的基本知识，以及海关组织机构的基本结构；

▲ 熟悉海关执法的基本概念、基本要求，以及海关执法权力的种类和内容；

▲ 了解关检融合的主要内容和任务。

能力目标

▲ 能够全面、准确地理解海关的性质、任务和权力；

▲ 掌握海关的职能和特点，熟悉海关执法权力的种类和内容；

▲ 能够运用关检融合理念，熟悉企业管理关检融合的主要内容。

素养目标

▲ 具备一定的外语水平，能够操作相关的信息技术工具和系统；

▲ 培养团结互助的团队精神，爱岗敬业。

▶ 项目背景

　　刚从大学国际经济与贸易专业毕业的小温同学应聘到浙江正丽代理报关有限公司，成为公司的一名新员工，该公司主营业务包括报关代理、货物与技术进出口等。小温的工作岗位是一名报关员，经理让他首先了解和熟悉关务基础知识。

任务一　认识海关

任务清单

1.了解海关的含义；

2.理解海关的性质；

3.掌握海关的职责任务。

知识卡片

一、海关概述

（一）海关的含义

在全球范围内，一国（地区）为了在国际经济交往中履行国家主权，保护本国（地区）企业和公民的利益，同时维护良好、公平的进出境秩序，必然要对进出境活动进行管理。在世界贸易组织框架下，除"一般例外规定"之外，关税是保护国内（地区内）经济的唯一合法手段，且各国（地区）均由海关行使这一职能。

■ 海关小课堂

根据《关于简化和协调海关制度的国际公约》（又称《京都公约》）总附约，海关是指负责海关法的实施、税费的征收并负责执行与货物的进口、出口、移动或储存有关的其他法律、法规和规章的政府机构。也就是说，海关是依据本国（地区）的海关法律、法规和本国（地区）所承担的国际义务，代表国家（地区）统一行使关税征收和进出关境监督管理职权的行政机关。

（二）关境的含义

海关的法律管辖范围以专业术语"关境"来指称。关境是指实施同一海关法规和关税制度的境域，即国家（地区）行使海关主权的执法范围。世界海关组织对关境的定义是"完全实施同一海关法的地区"。

一般情况下，关境等于国境。特殊情况下，关境与国境并不一致。如果几个国家（地区）结成关税同盟，实施统一的海关法规和关税制度，则组成一个共同关境。由于其成员方的货物在彼此之间的国境进出不征收关税，此时关境大于其成员方的各自国境。例如，根据《欧盟海关法典》中对统一欧盟海关关境的规定，欧盟海关关境大于各成员国的国境。关境小于国境的情况多数具有历史或者地理的原因。例如，美国关岛、法国圣皮埃尔和密克隆群岛等海外领土，在美、法两国海关法中都被列入各自关境以外地区。

针对特殊情况，世界贸易组织规定经其主权国声明和证实，一个地区可以单独成为其成员，由此产生了所谓的"单独关境"，又称"单独关税地区"。例如，1986年，英国政府发表声明允许香港作为单独关境。1997年香港回归祖国之后，我国政府也发表声明承诺在香港回归中国后仍保留其单独关境的地位。目前，中华人民共和国香港特别行政区、中华人民共和国澳门特别行政区和中国台湾地区都是单独关税地区。

（三）中国海关

我国海关具有悠久的历史。"关"初设于内陆，指具有军事和商贸意义的关塞要道，我国古代陆地边关自周代出现，在漫长的历史过程中一直存在于陆地边境，其后随着海外贸易的发展，逐渐从陆地转向沿海。唐宋等海外贸易发达的朝代均设有职能与现代海关类似的政府机构。清初实行海禁政策，严令禁止官民擅自出海贸易。1683年，清政府废除"禁海令"，指定澳门、漳州、宁波和云台山（今连云港）四处为对外通商口岸并设关。1685年，清政府正式设立粤海关、闽海关、浙海关和江海关，准许外商来华贸易。这是中国历史上第一个以"海关"二字命名的政府机构。

第一次鸦片战争后，清政府被迫与英国签订《南京条约》，开放上海、福州、厦门、宁波、广州五地为对外通商口岸，订立片面协定税则，丧失了关税自主权。自1859年英国人李泰国出任中国海关总税务司起，中国海关被帝国主义国家控制了将近100年。这一时期的海关也被称为"洋关"。

中华人民共和国中央人民政府海关总署于1949年10月25日正式成立，标志着中国经济大门的金钥匙回到了中国人民手中。1951年3月23日，政务院第77次会议通过《中华人民共和国暂行海关法》并于5月1日起正式施行。这是中华人民共和国成立后最早颁布的正式海关法律。随着国内外政治经济形势的发展变化，中国海关经历了曲折的发展过程，尤其是职能的调整和变化。改革开放后，中国海关的发展步入了正轨并开启了新的篇章。

1987年7月1日开始实施的《中华人民共和国海关法》（以下简称《海关法》）首次对我国海关的性质、执法依据和职能任务进行了明确表述。

党的十八届三中全会通过的《中共中央关于全面深化改革若干重大问题的决定》为海关全面深化改革指明了方向，特别是在转变政府职能、构建开放型经济新体制等方面，对改革海关监管管理体制，加快海关特殊监管区域整合优化，推动内陆同沿海沿边通关协作，实现口岸管理相关部门信息互换、监管互认、执法互助等部署了具体任务。2018年4月，国家出入境检验检疫管理职责和队伍划入海关，开启建设中国特色社会主义新海关。

二、我国海关的性质

现行《海关法》第二条规定："中华人民共和国海关是国家的进出关境（以下简称进出境）监督管理机关。海关依照本法和其他有关法律、行政法规，监管进出境的运输工具、货物、行李物品、邮递物品和其他物品（以下简称进出境运输工具、货物、物品），征收关税和其他税、费，查缉走私，并编制海关统计和办理其他海关业务。"可以从以下三个方面理解我国海关的性质。

1. 我国海关是中央国家行政机关的组成部分

根据《海关法》第三条的规定，"国务院设立海关总署，统一管理全国海关"，海关在国务院机构序列中属于国务院直属机构。《海关法》明确了海关的主管事项是"进出关境"的"监督管理"。

2. 我国海关是具备行政执法职能的国家行政机关

作为国家行政机关的一个部门，海关具有行政管理职能；同时，海关也具备非常明显的行政执法职能，故亦可称为行政执法机关。

3. 我国海关是国家进出境监督管理机关

海关履行职能也是国家宏观管理的一个重要组成部分。海关代表国家专职负责对进出境运输工具、货物、物品及其相关海关事务实施监督管理，因此具有对其他政府部门进出口行政管理的部分验证职能。这是海关与其他行政机关的不同之处。

三、我国海关的职责任务

海关有四项基本任务，即监管进出境的运输工具、货物、物品，征收关税和其他税、费，查缉走私，编制海关统计。随着社会发展和国家形势变化，尤其是我国加入世界贸易组织以后，海关履职的任务更加艰巨，维护贸易安全与便利、保护知识产权、履行原产地管理职责、协助解决国际贸易争端、实施贸易救济和贸易保障、参与反恐和防止核扩散等非传统职能任务不断加重。出入境检验检疫管理职责和队伍划入海关后，进出境检验检疫成为海关新的职责任务。

四、我国海关的管理体制

（一）垂直管理

我国海关实行集中统一的垂直管理体制。现行《海关法》第三条规定："国务院设立海关总署，统一管理全国海关。国家在对外开放的口岸和海关监管业务集中的地点设立海关。海关的隶属关系，不受行政区划的限制。海关依法独立行使职权，向海关总署负责。"

（二）三级事权管理

按照集中统一的垂直管理体制，我国海关实行海关总署、直属海关、隶属海关三级行政管理体系。海关总署由国务院设立，是全国海关的最高领导机关。在全国各地设立42个直属海关，直接由海关总署领导，向海关总署负责，负责管理一定区域范围内的海关业务。隶属海关在三级事权管理中处于最基层，负责办理具体海关业务。

另外，全国各海关还设有多个办事机构，办事机构不是一级海关行政组织，而是海关总署、直属海关或隶属海关的派出机构，其职权和业务范围由派出单位确定并管辖。

五、我国海关的组织结构

（一）海关总署

海关总署是正部级国务院直属机构。

（二）直属海关设置

目前，除三个单独关税区外，我国在全国的31个省、自治区、直辖市设立了42个直属海关。

（三）派出和其他机构

海关总署还设立广东分署、天津特派员办事处和上海特派员办事处，上述三个海关总署派出机构均不办理具体海关业务。此外，海关总署还设有上海海关学院。

任务二　海关执法

任务清单

1.了解海关执法范围；
2.了解海关执法权力。

知识卡片

海关执法是指海关依据法律、行政法规，处理进出境活动中具体事项的行政行为，是海关依法行政的具体体现，是海关对进出境活动实施管理的主要手段。

一、海关执法的范围

海关执法的范围是指海关行使执法权的时间范围和区域范围。海关执法工作的特性决定了海关执法有其特定的范围限制，正确理解和掌握海关执法的范围，有助于海关正确、有效地行使海关执法职权，避免滥权、越权，保证海关执法的严肃性。

（一）时间范围

海关执法中的时间期限通常体现在具体法律条文的规定中，可分为法定期间和指定期间。

1. 法定期间

法定期间可以分为按日计算、按月计算、按年计算三种，目前在海关法律体系中有四种规定的情形。

（1）期间的开始

目前，海关监管法规定的期间开始有两种情况："之日起"和"……后起"。

（2）期间的届满

按日计算的，以最后一天为届满日。按月或按年计算的，应以最后一个月对应于开始月份的那一天为届满日。

（3）节假日处理

如期间届满的最后一天是节假日，以节假日后的第一个工作日为期间届满日。由于期间进行的不可间断性，所以节假日在期间中间的，不予扣除。

（4）期间的顺延

当事人因不可抗力的事由或其他客观原因而耽误办理有关海关手续或履行其他义务的，经海关批准，一般可在原定期间的范围内顺延一次。

2. 指定期间

指定期间即海关依照监管职权，对进出境活动的当事人履行其义务所指定的时间。这种期间是相对于法定期间而言的，是法定期间的一种补充。指定期间在海关监管法上没有明确的规定，但在海关监管实践中时常有运用。海关的监管起讫时间即为指定期间的重要体现。

（二）区域范围

海关执法的区域一般限于"海关监管区"（主要办理一般的海关执法业务）和"海关附近沿海沿边规定地区"（办理部分延伸性海关业务）。

《海关法》对"海关监管区"的概念作了明确的阐述："海关监管区，是指设立海关的港口、车站、机场、国界孔道、国际邮件互换局（交换站）和其他有海关监管业务的场所，以及虽未设立海关，但是经国务院批准的进出境地点。"可以理解为：海关对进出境运输工具、货物、物品的活动，依法办理海关手续的规定区域。

海关附近沿海沿边规定地区是指海关总署和国务院公安部门会同有关省级人民政府确定的边境或沿海设关地周围的一定区域。

二、海关执法的权力

海关执法权是指在海关监督管理职权的范围内由《海关法》及其他法律、行政法规授予海关的一种支配和指挥的力量，是海关监督管理职权的具体化和表现形式，也是国家意志得以实现的重要保障。

（一）进出境监管

海关依据有关法律法规，对货物、物品、运输工具进出境活动实施监管。

1. 检查

海关有权对进出境的运输工具，以及在海关监管区和海关附近沿海沿边规定地区对有走私嫌疑的运输工具，有藏匿走私货物、物品嫌疑的场所和走私嫌疑人的身体行使检查。

在海关监管区和海关附近沿海沿边规定地区以外，海关在调查走私案件时，经直属海关关长或者其授权的隶属海关关长批准，有权对有走私嫌疑的运输工具和除公民住所以外的有藏匿走私货物、物品嫌疑的场所进行检查。

2. 查验

海关有权对进出境的货物和物品进行查验。海关认为必要时可以径行提取货样。

3. 查阅

海关有权对进出境人员的身份证件，与进出境运输工具、货物、物品有关的凭证和文件资料等进行查阅。

4. 查问

海关有权对违反《海关法》或其他有关法律、法规的嫌疑人进行查问。

5. 稽查

海关在法律规定的年限内，有权对企业进出境活动及与进出口货物有关的财务记账凭证、单证、资料等进行核查和审计。

6. 查询

海关在调查走私案件时，经直属海关关长或者其授权的隶属海关关长批准，有权查询涉案单位和人员在金融机构、邮政企业的存款、汇款。

7. 复制

海关有权对与进出境运输工具、货物、物品有关的凭证和文件资料等进行复制。

（二）进出境税费征收

进出境税费征收是指海关有权依据有关法律法规的规定对进出口货物、进出境物品和运输工具征收税费。这项权力还包括依法对特定的进出口货物、进出境物品减征或免征关税；对海关放行后的有关进出口货物、进出境物品，发现少征或者漏征税款的依法补征、追征；对进出口货物的完税价格进行审查；对申报进出口货物、进出境物品的属性有疑问，经现场查验不能确认的，提取货样进行化验鉴定；征收滞纳金与滞报金。

（三）海关行政许可

海关行政许可是指海关依据有关法律法规的规定，经国务院批准，对公民、法人或者其他组织的申请，经依法审查准予其从事与海关进出境监督管理相关的特定活动的权力。

（四）海关行政强制

海关行政强制权力的内容包括海关行政强制措施和海关行政强制执行两个方面。

1. 海关行政强制措施

海关行政强制措施是指海关在行政管理过程中为制止违法行为、防止证据损毁、避免危害发生、控制危险扩大等情形，依法对公民的人身自由实施暂时性限制，或者对公民、法人及其他组织的财物实施暂时性控制的行为。

海关行政强制措施主要包括扣留、封存和税收保全。

2. 海关行政强制执行

海关行政强制执行是指海关在有关当事人不依法履行义务的前提下，为实现监督管理职能，依法强制当事人履行法定义务的行为。海关行政强制执行主要包括两种类型。

（1）提取货物变卖与先行变卖

进口货物超过3个月未向海关申报，海关可以依法提取变卖处理；进口货物收货人或其所有人声明放弃的货物，海关有权依法提取变卖处理；海关依法保留的货物、物品，不宜长期保留的，经直属海关关长批准，可以先行依法变卖；在规定期限内未向海关申报及误卸或溢卸的不宜长期保留的货物，海关可以按照实际情况提前变卖处理。

（2）强制扣缴和变价抵缴关税

对超过规定期限未缴纳税款的，经直属海关关长批准，海关可以通知其开户银行从其账户存款内扣缴税款，或将应税货物依法变卖，以变卖所得抵缴税款；查扣并依法变卖其价值相当于应纳税款的货物或者财产以变卖所得抵缴税款。

（五）海关行政处罚

海关有权对不予追究刑事责任的走私行为和违反海关监管规定的行为，以及违反法律、行政法规规定由海关实施行政处罚的行为进行处罚。

（六）走私犯罪侦查

海关缉私部门有权侦查有走私犯罪嫌疑的人员、货物、物品和行为。

（七）配备和使用武器

海关为履行职责，可以配备并使用武器。

（八）连续追缉

海关对违反海关法逃逸的进出境运输工具或者个人进行追缉。

（九）其他

海关还有行政裁定、行政复议、对知识产权实施边境海关保护等权力。

■ 海关小课堂

任务三　关检融合

📋 任务清单

了解关检融合的含义和做法。

📑 知识卡片

一、关检融合概述

关检融合是指将出入境检验检疫管理职责和队伍划入海关，见图1-1。

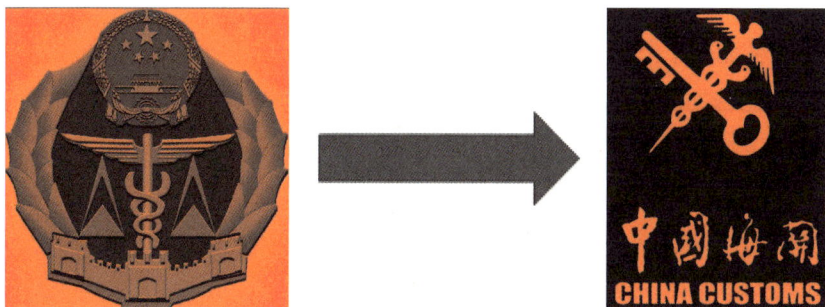

出入境检验检疫正式划入海关

2018-04-17 07:20 　来源：人民日报海外版　　　　　　　　　　字号：默认 大 超大 　打印 🖨 　| 🔗 💬 ⭐

记者4月16日从正在此间召开的海关机构改革动员部署电视电话会议上获悉，出入境检验检疫管理职责和队伍日前划入海关总署，自4月20日起以海关名义对外开展工作，一线旅检、查验和窗口岗位要统一上岗、统一着海关制服、统一佩戴关衔。

根据国务院机构改革方案，国家质量监督检验检疫总局的出入境检验检疫管理职责和队伍划入海关总署。

新任海关总署署长倪岳峰在会上要求各级海关紧紧抓住转变优化职能这个关键，实现通关效率更高、通关成本更低、营商环境更好、监管更严密、服务更优化。（记者 任涛）

图1-1　出入境检验检疫正式划入海关

（一）优化作业流程

1. 拓宽申报前的监管服务

进口申报前实施境外预检、境外装运前检验及检验机构监督管理。出口申报前实施出口产地／组货地检验检疫作业，并形成电子底账数据。对国家重点限制和可能影响人体健康、安全、动植物健康的重要敏感商品，如进口废物原料，进口旧机电产品，进口棉花、汽车、玩具、危险品及其包装等，根据其不同的特性，海关通过发布部门规章的形式，依法设定行政相对人资质许可、产品许可等特定管理程序和要求，便于行政相对人在从事相关进出口贸易活动前依法申请办理。

2. 整合申报项目

取消"入境／出境货物通关单""入境／出境货物报检单"。出口申报由信息化系统自动核对出口检验检疫电子底账数据，进口申报电子逻辑校验中增加检验检疫校验参数。对海关原报关单申报项目和检验检疫原报检单申报项目进行梳理，报关报检面向企业端整合为"四个一"，即一张报关单、一套随附单据、一组参数代码、一个申报系统。

3. 扩展"分步处置"内容

统筹规范、优化整合检验检疫作业场所和海关监管作业场所管理。卫生疫情、动植物疫情等口岸检疫风险，以及按规定必须在口岸实施检验的口岸检验风险等，由口岸海关在"分步处置"第一步中完成现场处置；必须在属地海关监管作业场所进行处置的进口目的地检验风险，由属地海关在"分步处置"第一步中完成现场处置。

可以在属地海关监管作业场所之外进行处置的进口目的地检验风险，以及检验检疫后续监管风险，由属地海关在"分步处置"第二步中完成现场处置。

（二）整合企业管理

1. 合并企业资质注册登记或备案管理

通用资质的企业的注册登记或备案整合，统一由企业管理职能部门负责，如原报关、报检企业的注册或备案；特定资质的企业注册登记或备案，由相关业务职能管理部门依照职能分别负责，如承运海关监管货物企业及运输工具、检验检疫准入企业的注册登记或备案等。

2. 统一企业信用管理

以海关现行企业信用管理制度为主线，整合检验检疫对企业信用的管理要求，形成统一的制度，由海关企业管理职能部门对海关注册或备案的企业实施统一的信用管理。以海关现有企业进出口信用管理系统为基础，整合原检验检疫进出口企业信用管理系统有关功能。

二、通关现场关检综合业务融合

按照全国海关通关一体化改革，"一次申报、分步处置"通关流程的要求，将原检验检疫现场检务部门作业并入现场海关综合业务部门，实现统一现场执法、优化通关流程、提高通关效率的目标。

三、关检融合整合申报

整合申报项目主要是对原报关单申报项目和原报检单申报项目进行梳理，报关报检面向企业端整合形成"四个一"。

按照"依法依规、去繁就简"原则，将原报关、报检单合计229个货物申报数据项精简到105个。整合后的新版报关单以原报关单48个项目为基础，增加部分原报检内容，形成了具有56个项目的新报关单打印格式。

四、关检业务"多查合一"

整合关检后续监管职责，构建集约化、专业化的后续管理模式。后续监管集约化，是指将后续涉企稽查、核查、对进入国内市场商品的抽查、对进出口商品安全问题的追溯调查、对企业遵守检验检疫法规状况的检查等后续执法，交由稽查部门实施；后续监管关检业务融合，是指在全国海关通关一体化整体框架内，将原海关后续监管中的各类稽查、核查、贸易调查等，与原检验检疫的卫生检疫、动植物检验检疫、商品检验和食品安全监管等业务条线下的后续监管作业项目进行全面融合，见图1-2。

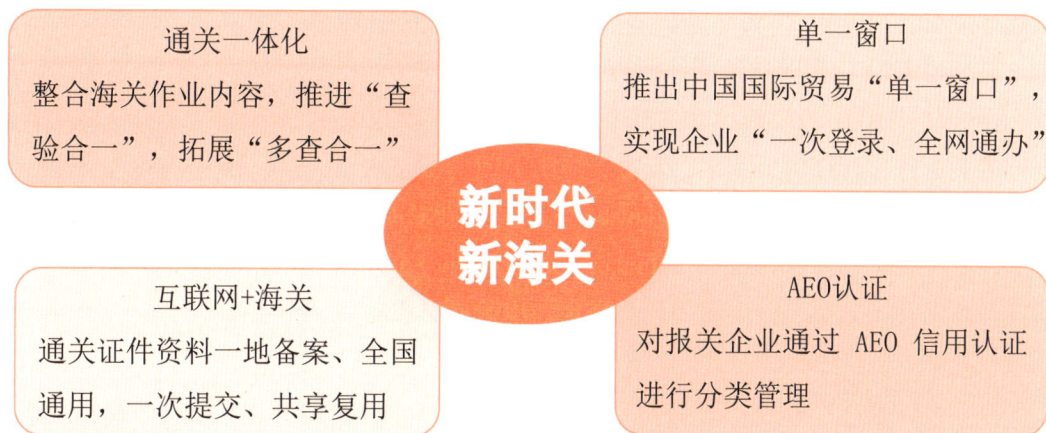

通关一体化
整合海关作业内容，推进"查验合一"，拓展"多查合一"

单一窗口
推出中国国际贸易"单一窗口"，实现企业"一次登录、全网通办"

新时代
新海关

互联网+海关
通关证件资料一地备案、全国通用，一次提交、共享复用

AEO认证
对报关企业通过 AEO 信用认证进行分类管理

图1-2　海关促进贸易便利化举措

五、海关企业管理关检融合

将原检验检疫企业注册登记或备案和信用管理全面融入海关企业管理一体化整体框架和统一平台中，实现统筹开展企业资质管理和归口实施企业信用管理，做到"三个统一"。

（一）统一通用企业资质

企业原报关报检资质合并，实现企业通用资质的合二为一，降低企业制度性交易成本。

（二）统一信用管理制度

海关实施统一的企业信用管理制度，实现对企业信用的统一认定和信用管理措施统一落实。

（三）统一系统管理平台

建立海关统一的行政相对人管理功能模块，在一个平台上办理企业注册登记或备案手续，实现信息共享共用，完善海关企业进出口信用管理系统。

1. 合并企业资质注册登记或备案管理

对通用资质的企业注册登记或备案进行整合，统一由企业管理职能部门负责；对特定资质的企业注册登记或备案，由相关业务职能管理部门依职能分别负责。

2. 统一企业信用管理

以海关现行企业信用管理制度为主线，整合检验检疫业务的企业信用管理要求，形成统一的制度，由海关企业管理职能部门对海关注册登记或备案企业实施统一的信用管理。以海关现有企业进出口信用管理系统为基础，整合原检验检疫进出口企业信用管理系统有关功能。

3. 简化和优化报关单位的注册登记

自 2018 年 10 月 29 日起，企业在互联网上申请办理报关单位注册登记有关业务（含许可、备案、变更、注销）的，可以通过"单一窗口"（网址为 http://www.singlewindow.cn/ ）的"企业资质"子系统或"互联网 + 海关"（网址为 http://online.customs.gov.cn/ ）的"企业管理"子系统填写相关信息，并向海关提交申请。申请提交成功后，企业需到所在地海关企业管理窗口提交申请材料。

■ 海关小课堂

企业可以通过"单一窗口"或"互联网 + 海关"查询本企业在海关的注册登记信息，见图 1-3。

图 1-3 "互联网 + 海关"一体化办事平台

项目实训

黄埔海关对某电子商务有限公司申报的一批跨境电商商品进行现场查验时，发现有使用某品牌标识的球衣、运动套装等商品13267件涉嫌侵权，价值折合人民币14万余元。相关品牌权利人向海关书面确认上述商品涉嫌侵犯其商标专用权，请求海关予以扣留。海关依法扣留后立案调查，最终作出没收该批侵权商品并处罚款人民币31790元的行政处罚决定。

根据上述案例讨论海关的职能和工作内容。

项目测试

一、单选题

1.下列不属于海关监督管理对象的是（　　）。

A.进出境旅客　　　　　　　　B.进出境物品

C.进出关境的运输工具　　　　D.进口货物

2.下列不属于海关基本任务的是（　　）。

A.支配关税使用　　B.缉私　　　C.征税　　　　D.统计

3.下列不属于海关知识产权保护范围的是（　　）。

A.肖像权　　　B.著作权　　　C.专利权　　　　D.商标专用权

4.根据我国《海关法》的规定，我国海关的执法范围是（　　）

A.进出关境的行为　　　　　　B.在关境内发生的行为

C.在关境外发生的行为　　　　D.包括上述三项行为

5.我国《海关法》第五条规定，"国家实行联合缉私、统一处理、综合治理的缉私体制"，在这一体制中，（　　）作为打击走私的主管机关，负责组织、协调、管理查缉走私工作。

A.军队　　　　B.公安部门　　　C.海关　　　　D.武警部队

6.设在口岸和海关业务集中地点，负责办理具体海关业务的海关是（　　）。

A.直属海关　　B.海关总署　　C.地方海关　　　D.隶属海关

7.进出口货物纳税义务人超期未缴纳税款的，经直属海关关长或其授权的隶属海关关长批准，海关可以（　　）。

A.征收滞纳金　　B.提取货物变卖　　C.强制扣缴　　　D.税收保全

8.根据我国《海关法》规定的设关原则，海关设关在（　　）。

A.省政府所在市

B.经济特区

C.海关监管业务集中地和对外开放口岸

9.逾期缴纳税款的，由海关征收（　　　）。

A.滞报金　　　　　B.滞纳金　　　　　C.缓税利息　　　　D.以上全是

10.（　　　）是海关四项基本任务的基础所在。

A.监管　　　　　B.征税　　　　　C.缉私　　　　　D.海关统计

二、多选题

1.海关的权力是为了保障海关职能的实现而由国家赋予海关的，海关权力的行使应限制在特定范围之内。请指出下列哪些权力应在特定的区域范围内行使？（　　　）

A.海关对进出境运输工具的检查

B.海关对进出境货物、物品的检查

C.海关对走私嫌疑人身体的检查

D.海关对与进出口货物相关的单证资料的查阅和复制

2.行政许可是指行政主体根据行政相对人的申请，通过签发许可证件或执照的形式，依法赋予特定的行政相对人从事某种活动或实施某种行为的权利或资格的行政行为。下列属于海关行政许可范围的行为有（　　　）。

A.进出口企业对外贸易经营资格的审批

B.报关行报关资格的审批

C.保税货物的加工业务的开展

D.准许具备资质的企业从事进出口货物的转关运输

3.下列关于海关性质的表述，正确的是（　　　）。

A.海关是国家行政机关　　　　　B.海关是国务院直属机构

C.海关是享有立法权的立法机关　　D.海关是国家进出境监督管理机关

4.海关的设关原则是（　　　）。

A.对外开放口岸　　　　　　　　B.海关监管业务集中的地点

C.人口多的地方　　　　　　　　D.边境

5.根据我国《海关法》的规定，海关能够行使下述哪些权力？（　　　）

A.检查进出境运输工具，查验进出境货物、物品

B.查阅、复制与进出境运输工具、货物、物品相关的合同、发票、账册、单据、记录、文件、业务函电、录音、录像制品和其他资料

C.在调查案件时，调查关员能够直接查询案件涉嫌单位和涉嫌人员在金融机构以及邮政企业的存款、汇款

D.在调查案件时，经直属海关关长或其授权的隶属海关关长批准，能够扣留走私犯罪嫌疑人，扣留时间不超过24小时，特殊情况可延长至48小时

三、判断题

1.海关总署受国务院领导，地方直属海关受海关总署和地方政府双重领导。（　　）

2.海关总署是国务院的直属机构；直属海关由海关总署领导，负责管理一定区域范围内海关业务的海关。（　　）

3.我国关税征收的主体是国家，由税务部门代表国家行使征收关税职能。（　　）

4.直属海关是负责办理具体海关业务的海关，是海关进出境监督管理职能的基本执行单位。（　　）

5.海关对进出境运输工具的检查应在海关监管区和海关附近沿海沿边地区内进行。（　　）

✎项目测试

海关主要管理制度

知识目标

▲ 理解海关监管制度的内容及管理措施，明确海关对监管货物的特殊要求；

▲ 熟悉海关稽查制度与核查制度的概念、流程与要点；

▲ 了解海关对企业信用的管理措施，包括认证标准与各项机制；

▲ 理解海关行政处罚、行政复议、行政诉讼的概念、种类与救济途径；

▲ 了解知识产权海关保护制度的概念和范围，熟悉备案、担保及侵权处理流程。

能力目标

▲ 深入理解海关监管制度的含义与内容，清晰掌握海关对监管货物的特殊要求；

▲ 熟练掌握海关稽查制度与核查制度的概念与内容，学会识别和管理进出口风险；

▲ 掌握如何评估企业信用状况；

▲ 熟悉海关行政处罚的概念与救济途径，维护企业合法权益；

▲ 掌握知识产权海关保护的范围和模式。

素养目标

▲ 熟悉海关管理制度和规定，具有良好的跨部门沟通和协调能力；

▲ 培养遵纪守法、诚信经营的意识；

▲ 具备风险识别与分析能力。

▶ 项目背景

　　小温通过前期的学习，对关务基础知识有了一定的了解。他一边熟悉自己的工作内容，一边学习关务方面的法律法规和相关政策。经理让他继续熟悉和掌握一些海关的主要管理制度，为以后的工作开展打下基础。

任务一　海关稽查和核查

任务清单

　　1.了解海关稽查的概念、对象和内容；

2.了解海关稽查的方式。

📋知识卡片

一、海关稽查制度概述

海关稽查，是指海关自进出口货物放行之日起3年内或者在保税货物、减免税进口货物的海关监管期限内及其后的3年内，对与进出口货物直接有关的企业、单位的会计账簿、会计凭证、报关单证以及其他有关资料（以下统称"账簿、单证等有关资料"）和有关进出口货物进行核查，监督其进出口活动的真实性和合法性。

海关稽查与传统的海关监管相比有着显著的区别，其特征主要表现在：首先，海关稽查实现了海关监管的"前推后移"，将海关监管的时间、空间进行了大范围的延伸和拓展。其次，海关稽查实现了海关监管的"由物及企"，将海关监管的主要目标从控制进出口货物转变为控制货物的经营主体——进出口企业，不再人为地将企业与货物割裂开来。海关围绕企业的进出口活动，实施动态和全方位的监管，通过监管企业的进出口行为来达到监管进出口货物的目的。

二、稽查对象、范围和内容

（一）稽查对象

海关对下列与进出口货物直接有关的企业、单位实施稽查：

从事对外贸易的企业、单位；从事对外加工贸易的企业；经营保税业务的企业；使用或者经营减免税进口货物的企业、单位；从事报关业务的企业；海关总署规定的与进出口货物直接有关的其他企业、单位。

■ 海关小课堂

上述企业、单位是海关稽查的对象，在海关实施稽查的过程中亦称被稽查人。

（二）稽查范围

海关对与进出口货物直接有关的企业、单位的下列进出口活动实施稽查：

进出口申报；进出口关税和其他税费的缴纳；进出口许可证件和有关单证的交验；与进出口货物有关的资料记载、保管；保税货物的进口、使用、储存、维修、加工、销售、运输、展示和复出口；减免税进口货物的使用、管理；其他进出口活动。

（三）稽查内容

海关稽查的内容，是指海关实施稽查的具体指向和目标，简言之，即海关稽查主要查什么。具体来说，就是指记录和反映被稽查人进出口经营活动的会计账簿、会计凭证、会计报表等会计资料、报关单证和其他与进出口活动有关的资料及进出口货物、物品。

三、稽查方式和机制

海关稽查的方式，从狭义理解，目前仅有常规稽查和专项稽查两种；但从广义理解，即目前海关稽查部门所采用的工作方式，还包括贸易调查和主动披露。同时，根据《中华人民共和国海关稽查条例》（以下简称《海关稽查条例》）的规定，海关稽查还可以引入社会中介机构提供服务。以上方式共同构成了海关稽查工作的机制。

（一）常规稽查

常规稽查是指海关以监督和规范被稽查人进出口行为为主要目标，以例行检查和全面"体检"为基本特征，有计划地对被稽查人在一定期限或业务范围内的进出口活动实施检查的一种稽查工作方式。

（二）专项稽查

专项稽查是指以查发企业各类问题，保障海关监管、税收和贸易安全，防范走私违法活动为目的，以风险程度较高或政策敏感性较强的行业、企业、商品为重点而实施的一种稽查工作方式。

（三）贸易调查

贸易调查是指海关稽查部门为了解进出口贸易情况，印证商品、企业、行业进出口贸易风险状况，对商品、企业、行业进出口贸易及有关信息进行收集、整理、分析而开展的综合性调研。

贸易调查的对象主要是有关行业协会、政府部门和相关企业等，可以通过实地查看、走访咨询、书面函询、网络调查和委托调查等方式展开。

（四）主动披露

进出口企业、单位主动向海关书面报告海关尚未掌握的、其违反海关监管规定的行为并接受海关处理的，海关可以认定有关企业、单位主动披露。但有下列情形之一的除外：报告前海关已经掌握违法线索的；报告前海关已经通知被稽查人实施稽查的；报告内容严重失实或者隐瞒其他违法行为的。

进出口企业、单位主动披露应当向海关提交账簿、单证等有关资料，并对所提交资料的真实性、准确性、完整性负责。海关应当核实主动披露的进出口企业、单位的报告，可以要求其补充有关材料。

对主动披露的进出口企业、单位，违反海关监管规定的，海关结合具体情形予以从轻、减轻或者不予行政处罚。对主动披露并补缴税款的，海关可以减免滞纳金。

四、法律责任

（一）被稽查人的法律责任

被稽查人有下列行为之一的，由海关责令限期改正，逾期不改正的，处人民币2万元以上10万元以下的罚款；情节严重的，撤销其报关注册登记；对负有直接责任的主管人员和其他直接责任人员处人民币5000元以上5万元以下的罚款；构成犯罪的，依法追究刑事责任：向海关提供虚假情况或者隐瞒重要事实；拒绝、拖延向海关提供账簿、单证等有关资料及相关电子数据存储介质；转移、隐匿、篡改、毁弃报关单证、进出口单证、合同、与进出口业务直接有关的其他资料及相关电子数据存储介质。

被稽查人未按照规定编制或者保管报关单证、进出口单证、合同及与进出口业务直接有关的其他资料的，由海关责令限期改正，逾期不改正的，处人民币1万元以上5万元以下的罚款；情节严重的，撤销其报关注册登记；对负有直接责任的主管人员和其他直接责任人员处人民币1000元以上5000元以下的罚款。

被稽查人未按照规定设置、编制账簿，或者转移、隐匿、篡改、毁弃账簿的，依照《中华人民共和国会计法》的有关规定追究法律责任。

（二）海关工作人员的法律责任

海关工作人员在稽查过程中玩忽职守、徇私舞弊、滥用职权，或者利用职务上的便利，收受、索取被稽查人的财物，构成犯罪的，依法追究刑事责任；尚不构成犯罪的，依法给予处分。

任务二　海关企业信用管理

任务清单

1.熟悉失信企业的认定原因；

2.掌握高级认证企业和失信企业的认证措施；

3.了解容错机制的规定。

知识卡片

一、概述

为了建立海关注册登记和备案企业信用管理制度，推进社会信用体系建设，保障贸易安全与便利，2021年9月海关总署颁布了《中华人民共和国海关注册登记和备案企业信用管理办法》。按照本办法，被认证为高级认证企业的，对其实施便利的管理措施；被认定为失信企业的，对其实施严格的管理措施。对高级认证企业和失信企业之外的其他企业实施常规的管理措施。

海关小课堂

海关建立企业信用修复机制，依法对企业予以信用修复；建立企业信用管理系统，运用信息化手段提升海关企业信用管理水平。

海关可以采集反映企业信用状况的信息，如企业注册登记或者备案信息以及企业相关人员基本信息、企业进出口以及与进出口相关的经营信息、企业行政许可信息、企业及其相关人员行政处罚和刑事处罚信息、海关与国家有关部门实施联合激励和联合惩戒信息、AEO（经认证的经营者）互认信息等。

二、企业信用类别

海关根据企业信用状况将企业认定为高级认证企业、失信企业以及其他注册登记和备案企业。

（一）高级认证企业

高级认证企业是指经中国海关认证的经营者（AEO企业）。"经认证的经营者"在世界海关组织制定的《全球贸易安全与便利标准框架》中被定义为"以任何一种方式参与货物国际流通，并被海关当局认定符合世界海关组织或相应供应链安全标准的一方，包括生产商、进口商、出口商、报关行、承运商、理货人、中间商、口岸和机场、货站经营者、综合经营者、仓储业经营者和分销商"。中国海关依据有关国际条约、协定，开展与其他国家或者地区海关的AEO互认合作，并且给予互认企业相关便利措施。

（二）失信企业

企业有下列情形之一的，海关认定为失信企业：

①被海关侦查走私犯罪公安机构立案侦查并由司法机关依法追究刑事责任的；

②构成走私行为被海关行政处罚的；

③非报关企业1年内违反海关的监管规定被海关行政处罚的次数超过上年度报关单、进出境备案清单、进出境运输工具舱单等单证总票数千分之一且被海关行政处罚金额累计超过100万元的；报关企业1年内违反海关的监管规定被海关行政处罚的次数超过上年度相关单证总票数万分之五且被海关行政处罚金额累计超过30万元的；

④自缴纳期限届满之日起超过3个月仍未缴纳税款的；

⑤自缴纳期限届满之日起超过6个月仍未缴纳罚款、没收的违法所得和追缴的走私货物、物品等值价款，并且超过1万元的；

⑥抗拒、阻碍海关工作人员依法执行职务，被依法处罚的；

⑦向海关工作人员行贿，被处以罚款或者被依法追究刑事责任的；

⑧法律、行政法规、海关规章规定的其他情形。

失信企业存在下列情形的，海关依照法律、行政法规等有关规定实施联合惩戒，将其列入严重失信主体名单：

①违反进出口食品安全管理规定、进出口化妆品监督管理规定或

■海关小课堂

者走私固体废物被依法追究刑事责任的；

②非法进口固体废物被海关行政处罚金额超过250万元的。

三、企业信用状况调整

海关对高级认证企业每5年复核一次。企业信用状况发生异常情况的，海关可以不定期开展复核。经复核，不再符合高级认证企业标准的，海关应当制发未通过复核决定书，并收回高级认证企业证书。

失信企业连续2年未发生上述失信规定情形的，海关应当对失信企业作出信用修复决定。

海关在作出认定失信企业决定前，应当书面告知企业拟作出决定的事由、依据和依法享有的陈述、申辩权利。将企业列入严重失信主体名单的，还应当告知企业列入的惩戒措施提示、移出条件、移出程序及救济措施。法律、行政法规和党中央、国务院政策文件明确规定不可修复的，海关不予信用修复。

案例分析

"失信企业这个'帽子'可真的太难戴了，一处失信、处处受限，教训太深刻了。"杭州某进出口有限公司收到杭州海关所属钱江海关的"准予信用修复决定书"，公司负责人表示，海关及时指导我们进行信用修复，帮我们顺利渡过难关，也让我们深刻认识到诚信守法的重要性。

杭州某进出口有限公司主要从事坚果进口贸易，某年年初由于出现违规行为，被降为失信企业，企业业务发展受到较大影响。

"成为失信企业后，不仅社会声誉受到影响，进口查验率大幅度提高，资金借贷也变得十分困难，我们的进口业务几乎陷入停滞。"公司负责人回忆起"失信"经历时说。

思考：失信企业如何才能恢复信用？

四、企业管理措施

（一）高级认证企业适用措施

高级认证企业是中国海关AEO，作为海关最高信用等级企业，适用下列管理措施：

①进出口货物平均查验率低于实施常规管理措施企业平均查验率的20%，法律、行政法规或者海关总署有特殊规定的除外；

②出口货物原产地调查平均抽查比例在企业平均抽查比例的20%以下，法律、行政法规或者海关总署有特殊规定的除外；

③优先办理进出口货物通关手续及相关业务手续；

④优先向其他国家（地区）推荐农产品、食品等出口企业的注册；

⑤可以向海关申请免除担保；

⑥减少对企业稽查、核查频次；

⑦可以在出口货物运抵海关监管区之前向海关申报；

⑧海关为企业设立协调员；

⑨AEO互认国家或者地区海关通关便利措施；

⑩国家有关部门实施的守信联合激励措施；

⑪因不可抗力中断国际贸易恢复后优先通关；

⑫海关总署规定的其他管理措施。

（二）失信企业适用措施

失信企业适用下列管理措施：

①进出口货物查验率80%以上；

②经营加工贸易业务的，全额提供担保；

③提高对企业稽查、核查频次；

④海关总署规定的其他管理措施。

高级认证企业涉嫌违反与海关管理职能相关的法律法规被刑事立案的，海关应当暂停适用高级认证企业管理措施。高级认证企业涉嫌违反海关的监管规定被立案调查的，海关可以暂停适用高级认证企业管理措施。办理同一海关业务涉及的企业信用等级不一致，导致适用的管理措施相抵触的，海关按照较低信用等级企业适用的管理措施实施管理。

五、容错机制

为持续提升我国跨境贸易便利化水平，进一步提升企业获得感，海关总署对企业信用管理中的容错机制进行了规范。

（一）不计入申报差错

对在"提前申报"阶段修改进口日期，以及装运、配载等原因造成货物变更运输工具的，不予记录报关差错。属于不予记录报关差错情形的，报关单位可以自相关报关差错记录之日起15个工作日内，通过"关企合作平台"向海关申请复核。对申请内容符合上述不予记录报关差错情形的，海关企业管理部门复核后予以更正。复核更正的报关差错记录不作为海关认定企业信用状况的记录。

进出口企业、单位可以通过海关企业进出口信用管理系统的"关企合作平台"（网址为http://jcf.chinaport.gov.cn/jcf）查询本单位的申报差错记录。

（二）主动披露不予行政处罚

1. 符合条件

进出口企业、单位主动披露涉税违规行为，有下列情形之一的，依据《中华人民共和国行政处罚法》的规定，不予行政处罚：

①在涉税违规行为发生之日起6个月内向海关主动披露的；

②在涉税违规行为发生之日起超过6个月但在2年以内向海关主动披露，漏缴、少缴税款占应缴纳税款比例30%以下的，或者漏缴、少缴税款在人民币100万元以下的。

2.披露程序

进出口企业、单位向海关主动披露的，需填制主动披露报告表，并随附账簿、单证等有关资料，向原税款征收地海关或企业所在地海关报告。

（三）不列入信用状况记录

进出口企业、单位主动披露且被海关处以警告或者人民币100万元以下罚款行政处罚的行为，不列入海关认定企业信用状况的记录。

知识拓展

海关主动披露政策解析

海关主动披露是一项容错机制。进出口企业、单位自查发现其进出口活动存在少缴、漏缴税款或者其他违反海关监管规定的情况，主动向海关书面报告并接受海关处理，海关依法从轻、减轻或不予行政处罚。作为一项惠企政策，主动披露为外贸企业提供了自查自纠、守法便利通道，允许主动纠错，鼓励自愿合规，持续优化外贸营商环境。

2023年10月8日，海关总署发布了《关于处理主动披露违规行为有关事项的公告》（海关总署公告2023年第127号）。该公告不予行政处罚的适用范围大幅扩大。新增了六大类内容，包括单列影响国家出口退税、加工贸易单耗、影响海关统计、影响监管秩序、部分程序性违规、部分检验检疫业务。

任务三　海关行政处罚、复议和申诉

任务清单

1.理解走私行为、违规行为以及它们的区别；

2.了解海关行政处罚的方式；

3.了解行政复议、行政申诉的含义。

知识卡片

一、海关行政处罚

（一）概述

根据《海关法》的规定，以走私物的品种、数量和逃税额为标准，走私情节严重的构成走私罪。认定和惩罚走私罪即追究刑事责任属于司法机关的职能，不在海关行政处罚范围内。海关行政处罚的范围则包括不予追究刑事责任的走私行为（通常简称"走私行为"）和违反海关监管规定的行为（通常简称"违规行为"），以及法律、法规规定由海关实施行政处罚的行为。

1. 走私行为

从《中华人民共和国海关行政处罚实施条例》（以下简称《海关行政处罚实施条例》）的规定来看，广义的"走私行为"包括"走私行为""按走私行为论处""以走私的共同当事人论处"三种情况。

（1）走私行为

违反海关法及其他有关法律、行政法规，逃避海关监管，偷逃应纳税款、逃避国家有关进出境的禁止性或者限制性管理，有下列情形之一的，是走私行为：

①未经国务院或者国务院授权的机关批准，从未设立海关的地点运输、携带国家禁止或者限制进出境的货物、物品或者依法应当缴纳税款的货物、物品进出境的；

②经过设立海关的地点，以藏匿、伪装、瞒报、伪报或者其他方式逃避海关监管，运输、携带、邮寄国家禁止或者限制进出境的货物、物品或者依法应当缴纳税款的货物、物品进出境的；

③使用伪造、变造的手册、单证、印章、账册、电子数据或者以其他方式逃避海关监管，擅自将海关监管货物、物品、进境的境外运输工具，在境内销售的；

④使用伪造、变造的手册、单证、印章、账册、电子数据或者以伪报加工贸易制成品单位耗料量等方式，致使海关监管货物、物品脱离监管的；

⑤以藏匿、伪装、瞒报、伪报或者其他方式逃避海关监管，擅自将保税区、出口加工区等海关特殊监管区域内的海关监管货物、物品，运出区外的；

⑥有逃避海关监管，构成走私的其他行为的。

（2）按走私行为论处

《海关行政处罚实施条例》第八条规定，有下列行为之一的，按走私行为论处：

①明知是走私进口的货物、物品，直接向走私人非法收购的；

②在内海、领海、界河、界湖，船舶及所载人员运输、收购、贩卖国家禁止或者限制进出境的货物、物品，或者运输、收购、贩卖依法应当缴纳税款的货物，没有合法证明的。

"明知是走私进口的货物、物品，直接向走私人非法收购的"，应当同时符合三个条件才能判定为"按走私行为论处"：

一是行为人必须明知收购的货物、物品是走私进口的货物、物品；二是行为人必须明知对方是走私人，而直接向走私人非法收购走私进口的货物、物品，即所谓的"第一手交易"，如果不是直接向走私分子收购走私进境的货物、物品，而是经过第二手、第三手，甚至更多的收购环节，则不能按走私行为论处；三是收购的行为是非法进行的。

"在内海、领海、界河、界湖，船舶及所载人员运输、收购、贩卖国家禁止或者限制进出境的货物、物品，或者运输、收购、贩卖依法应当缴纳税款的货物，没有合法证明的"要按走私行为论处，必须符合四个条件：

一是区域，行为人必须是在特定的区域，即在内海、领海、界河、界湖运输、收购、贩卖国家禁止或者限制进出境的货物、物品，或者运输、收购、贩卖依法应当缴纳税款的货物，如果是在内地运输、收购、贩卖，则不是本项规定的按走私论处的行为；二是行为方式，即运输、收购、贩卖；三是运输、收购、贩卖的对象是国家禁止、限制进出境的货物、物品，或者是依法应当缴纳税款的货物；四是在上述特定区域运输、收购、贩卖上述货物、物品，没有合法证明。"合法证明"是指船舶及其所载人员依照国家有关规定或者依照国际运输惯例所必须持有的证明其运输、携带、收购、贩卖所载货物、物品真实、合法、有效的商业单证、运输单证及其他有关证明、文件。

（3）以走私的共同当事人论处

此外，《海关行政处罚实施条例》还规定"与走私人通谋为走私人提供贷款、资金、账号、发票、证明、海关单证的，与走私人通谋为走私人提供走私货物、物品的提取、发运、运输、保管、邮寄或者其他方便的，以走私的共同当事人论处"，即以上行为也应包含在"走私行为"的范围内。

知识拓展

"海外代购"与走私犯罪的界限是什么？

从构成走私普通货物、物品罪的主客观要件来看，区分海外代购行为与走私犯罪行为的关键在于：代购商品过程中是否偷逃了税款，以及主观上是否具有偷逃税款的故意。

就数额来看，行为人通过瞒报的方式，携带手表、化妆品等奢侈品入境，偷逃应缴税款数额经核定超过10万元即入刑。如曾经著名的"空姐代购案"，空姐李某多次携带从免税店购买的化妆品入境而未申报，逃税113万余元，被定为走私普通货物罪。

若走私行为尚不构成犯罪，则予以行政处罚。如王某某在浦东国际机场入境时携带23双鞋子用于日后销售而未向海关申报，经核定应缴税款1万余元，构成走私行为，相关物品予以没收。

就主观故意而言，若未藏匿伪装，物品系自用或馈赠亲友，并且无走私牟利目的，一般不轻易启动刑事程序，主要通过行政手段予以处理。因此，只要代购人依法申报和缴纳税款，便不会有被认定为走私的风险。

消费者享受"海外购物"的便利与优惠的同时，应严格按照法律及海关的相关规定购买、申报境外商品，避免贪图小利而酿成大错。对于"海外代购"，要谨慎选择代购商家，下单时仔细核对产品信息，同时注意个人信息保护，防范海外代购的法律风险。

2. 违规行为

违反海关监管规定的行为是指海关管理相对人在从事运输工具、货物、物品的进出境活动或从事海关监管货物的运输、储存、加工、装配、寄售、展示等业务活动中，违反海关法及其他有关法律、行政法规和规章但不构成走私的行为。主要是违反海关关于进出境监管的具体要求、监管程序和监管手续，没有按照海关规定履行应尽的义务，执法实践中简称为"违规行为"。

根据《海关行政处罚实施条例》，违反海关监管规定的行为主要有：

①违反国家进出口管理规定，进出口国家禁止进出口的货物的；

②违反国家进出口管理规定，进出口国家限制进出口的货物或属于自动进出口许可管理的货物，进出口货物的收发货人向海关申报时不能提交许可证件或自动许可证明的；

③进出口货物的品名、税则号列、数量、规格、价格、贸易方式、原产地、启运地、运抵地、最终目的地或者其他应当申报的项目未申报或者申报不实的；

④未经海关许可，擅自处置监管货物，违规存放监管货物，监管货物短少灭失且不能提供正当理由的，未按规定办理保税手续，单耗申报不实，过境、转运、通运货物违规，暂时进出口货物违规的；

⑤报关单位违规（非法代理、行贿、未经许可从事报关业务、骗取许可）；

⑥其他违规行为（中断监管程序，伪造、变造、买卖单证，进出口侵犯知识产权货物等）。

3. 走私与违规的区别

《海关法》和《海关行政处罚实施条例》将违反海关法及其他有关法律、行政法规的行为分为走私行为和违规行为。这是两类性质完全不同的行为，有着本质的不同。

第一，主观故意不同。走私具有很强的主观目的性，其行为的目的就在于偷逃应缴税款或逃避国家对进出境运输工具、货物、物品的禁止或限制性管制，并往往有针对性地采取各种伪装欺骗手法企图逃避海关监管。而违规行为在主观认识上通常表现为"过失"状态，没有很明确的追求逃税、逃证的主观目的性，通常也不会采取有针对性的欺骗手法来逃避海关监管。

第二，客观行为不同。走私是为了达到逃税、逃证的目的，通常会采取欺骗手法逃避海关监管而且这种逃避海关监管的手法是行为人在明知或应知条件下有针对性地采取的。而违规行为一般都不会采取欺骗手法来掩饰自己的过失行为，其行为往往没有明确的逃税、逃证的针对性和目的性，多是在程序和手续方面不履行海关规定。

第三，行为危害结果不同。走私行为侵害的主体是国家关于运输工具、货物、物品进出境税收和管制的实体性规定，通常会产生逃税、逃证的实质性危害。《海关行政处罚实施条例》规定的走私行为和按走私行为论处的行为都会直接产生逃税、逃证的结果。而违规行为侵害的是海关监管的程序、手续，以及具体要求等进出境管理秩序。

（二）海关行政处罚的方式

1. 对走私行为的行政处罚

《海关行政处罚实施条例》对走私行为规定了下列处罚方式：

①没收走私货物、物品及违法所得；

②罚款；

③没收专门用于走私的运输工具或者用于掩护走私的货物、物品；

④没收2年内3次以上用于走私的运输工具或者用于掩护走私的货物、物品；

⑤藏匿走私货物、物品的特制设备、夹层、暗格，应当予以没收或者责令拆毁；

⑥在海关注册的企业，构成走私犯罪或者1年内有2次以上走私行为的，海关可以撤销其注册登记。

2. 对违规行为的行政处罚

《海关行政处罚实施条例》对违规行为规定了下列处罚方式：

①警告，应严格按照法定程序实施，单独给予警告处罚的，可以适用行政处罚简易程序；

②罚款，在处罚幅度上规定了上下限，减少了处罚的随意性；

③没收违法所得；

④暂停有关企业从事有关业务、撤销海关注册登记；

⑤未经海关注册登记从事报关业务的，予以取缔。

二、海关行政复议

（一）概述

海关行政复议是指公民、法人或者其他组织不服海关及其工作人员作出的具体行政行为，认为该行政行为侵犯其合法权益，依法向海关复议机关提出复议申请，请求重新审查并纠正原具体行政行为，海关复议机关按照法定程序对上述具体行政行为的合法性和适当性进行审查并作出决定的海关法律制度。

根据有关法律、行政法规的规定，公民、法人或者其他组织对海关具体行政行为不服的，可以申请行政复议。海关具体行政行为中，

确定纳税义务人、完税价格、商品归类、原产地、适用税率和汇率、减征或者免征税款、补税、退税、征收滞纳金、计征方式、纳税地点，以及其他涉及税款征收的具体行政行为，即因纳税争议而产生的事项，公民、法人或者其他组织应当依据《海关法》的规定先向海关行政复议机关申请行政复议，对海关行政复议决定不服的，再向人民法院提起行政诉讼，即实行复议前置的原则。

（二）海关行政复议当事人

海关行政复议申请人，是指认为自己的合法权益受到海关具体行政行为的侵犯，依法向海关复议机关申请行政复议的公民、法人或者其他组织。

公民、法人或者其他组织对海关作出的具体行政行为不服申请行政复议的，作出该具体行政行为的海关是被申请人。

（三）和解与调解

对于符合条件的案件，可以遵循自愿、合法、公正、合理、及时、便民原则，进行复议和解、调解。但是，行政复议和解、调解不是办理行政复议案件的必经程序。

三、海关行政申诉

（一）概述

海关行政申诉是指公民、法人或者其他组织不服海关作出的具体行政行为但在法定期限内未申请行政复议或提起行政诉讼的，或者不服海关行政复议决定但在法定期限内未提起行政诉讼的，向海关提出申诉请求，海关对原具体行政行为的合法性和适当性进行审查并作出处理决定的法律救济措施。

海关申诉制度作为一种为公民、法人和其他组织提供法律救济手段的制度，是围绕着有错必纠，便民利民，切实保护公民、法人和其他组织合法权益的原则与目标模式设计和运作的。这是对已经丧失行政复议和诉讼救济权利的当事人，再给其一次陈述理由、申辩意见的机会。

海关办理申诉的案件包括：

①公民、法人或者其他组织不服海关作出的具体行政行为但在法定期限内未申请行政复议或提起行政诉讼的，向海关提出申诉请求的案件。

②公民、法人或者其他组织不服海关行政复议决定但在法定期限内未提起行政诉讼的，向海关提出申诉请求的案件。

③海关有关部门接到公民、法人或者其他组织的信访、投诉，如涉及海关具体行政行为或者行政复议决定的合法性问题，由申诉人按规定提出申诉要求而转送海关申诉审查部门的申诉案件。

（二）海关行政申诉的管辖

申诉人可以向作出原具体行政行为或者复议决定的海关提出申诉，也可以向其上一级海关提出申诉。

对海关总署作出的具体行政行为或者复议决定不服的，应当向海关总署提出申诉。对海关调查、缉私部门经办的具体行政行为不服的申诉案件由调查、缉私部门具体负责办理；对其他海关具体行政行为和复议决定不服的申诉案件由负责法制工作的机构具体负责办理。

（三）海关行政申诉程序

1. 申请和受理

申诉人提出申诉应当递交书面申诉材料，申诉材料中应写明申诉人的基本情况、明确要求撤销或者变更海关原具体行政行为的申诉请求、具体事实和理由。

海关申诉审查部门收到申诉人的书面申诉材料后，应当在5个工作日内进行审查，作出受理或不予受理的决定。决定受理申诉的，海关申诉审查部门收到书面申诉材料之日为受理之日。对不予受理的，书面告知申诉人不予受理的理由。

具体行政行为尚在行政复议、诉讼期限内，或者行政复议决定尚在行政诉讼期限内的，应当及时告知申诉人有权依法申请行政复议或者向人民法院提起行政诉讼。

符合海关办理申诉案件规定，但需要转送其他海关处理的，应当将申诉材料转送相应海关，同时书面通知申诉人，由接收转送的海关办理。

2. 审查

申诉案件的审查原则上采取书面审查的办法。申诉人提出要求或者申诉审查部门认为有必要时，可以向有关组织和人员调查情况，听取申诉人、与申诉案件有利害关系的第三人的意见，听取作出原具体行政行为或者复议决定的海关或者原经办部门的意见。

调查情况、听取意见必要时可以采用听证的方式。

原具体行政行为、复议决定的经办人员不得担任申诉案件的审理人员。

3. 处理

海关应当在受理申诉之日起60日内作出处理决定，情况复杂的案件，经申诉审查部门负责人批准，可以适当延长，但延长期限最多不超过30日。延长审查期限应当书面通知申诉人。

海关经对申诉案件进行审查，应当区分不同情况作出处理决定。上级海关办理的对下级海关的具体行政行为或者复议决定不服的申诉案件，处理决定应当同时送达下级海关。

（四）救济途径

经申诉后，申诉人对海关改变原行政行为或者作出新的行政行为仍不服的，可以依据《中华人民共和国行政复议法》和《中华人民共和国行政诉讼法》的规定向复议机关申请行政复议，或者是向人民法院提起行政诉讼。对于驳回当事人申诉请求的，根据《最高人民法院关于执行〈中华人民共和国行政诉讼法〉若干问题的解释》，驳回当事人对行政行为提起申诉的重复处理行为，不属于人民法院行政诉讼的受案范围，同理，也不属于行政复议的受案范围。

任务四　知识产权海关保护

任务清单

1.了解知识产权海关保护的概念和范围；

2.熟悉备案、担保及侵权处理流程；

3.熟悉知识产权权利人的法律责任。

知识卡片

一、概述

知识产权，概括地说是指公民、法人或其他组织对其在科学技术和文学艺术等领域内，主要基于脑力劳动创造完全的智力成果所依法享受的专有权利，因此又称智力成果权。知识产权海关保护则是指海关依法禁止侵犯知识产权的货物进出口的措施，在世界贸易组织《与贸易有关的知识产权协议》中被称为知识产权的边境措施。

二、保护范围

知识产权具有无形性、专有性、地域性、时间性和可复制性的特点。根据《中华人民共和国知识产权海关保护条例》（以下简称《知识产权海关保护条例》）及其他法律、行政法规的规定，我国知识产权海关保护的适用范围为：与进口货物有关并受中华人民共和国法律、行政法规保护的知识产权，包括商标专用权、著作权和与著作权有关的权利、专利权、奥林匹克标志专有权、世界博览会标志专有权。

海关小课堂

《知识产权海关保护条例》同时规定，侵犯受法律、行政法规保护的知识产权的货物禁止进出口。

三、保护模式

中国海关对知识产权的保护可以划分为"依申请保护"和"依职权保护"两种模式。

（一）依申请保护

依申请保护，是指知识产权权利人发现侵权嫌疑货物即将进出口时，根据《知识产权海关保护条例》的规定向海关提出采取保护措施的申请，由海关对侵权嫌疑货物实施扣留的措施。由于海关对依申请扣留的侵权嫌疑货物不进行调查，知识产权权利人需要就有关侵权纠纷向人民法院起诉，因此依申请保护模式也被称作海关知识产权"被动保护"模式。

（二）依职权保护

依职权保护，是指海关在监管过程中发现进出口货物有侵犯在海关总署备案的知识产权的嫌疑时，根据《知识产权海关保护条例》规定，主动中止货物的通关过程并通知有关知识产权权利人，并根据知识产权权利人的申请对侵权嫌疑货物实施扣留的措施。由于海关依职权扣留侵权嫌疑货物属于主动采取措施制止侵权货物进出口，而且海关还有权对货物的侵权状况进行调查和对有关当事人进行处罚，因此依职权保护模式也被称作海关对知识产权的"主动保护"模式。

四、保护程序

（一）备案

知识产权海关保护备案，是指知识产权权利人按照《知识产权海关保护条例》的规定，将其知识产权的法律状况、有关货物的情况、知识产权合法使用情况和侵权货物进出口情况以书面形式通知海关总署，以便海关在对进出口货物的监管过程中能够主动对有关知识产权实施保护。

根据《知识产权海关保护条例》，知识产权权利人在向海关申请保护前不要求必须进行知识产权备案。但是对商标专用权权利人等某些知识产权权利人而言，备案与否有很大的差异。备案的程序要点包括以下内容。

1. 申请人

知识产权海关保护备案的申请人应为知识产权权利人，知识产权权利人可以委托代理人办理知识产权海关保护备案。

2. 申请文件

知识产权权利人向海关总署申请知识产权海关保护备案的，应当向海关总署提交申请书。知识产权权利人应当就其申请备案的每一项知识产权单独提交一份申请书。知识产权权利人申请国际注册商标备案的，应当就其申请的每一类商品单独提交一份申请书。

知识产权权利人向海关总署提交备案申请书，应当随附以下文件、证据。

①知识产权权利人个人身份证件的复印件、营业执照的复印件或者其他注册登记文件的复印件。

②商标注册、著作、专利权证明或证书。

③知识产权权利人许可他人使用注册商标、作品或者实施专利，签订许可合同的，提供许可合同的复印件；未签订许可合同的，提交有关被许可人、许可范围和许可期间等情况的书面说明。

④知识产权权利人合法行使知识产权的货物及其包装的照片。

⑤已知的侵权货物进出口的证据，知识产权权利人与他人之间的侵权纠纷已经通过人民法院或者知识产权主管部门处理的，还应当提交有关法律文书的复印件。

⑥海关总署认为需要提交的其他文件或者证据。

知识产权权利人向海关总署提交的上述文件和证据应当齐全、真实和有效。有关文件和证据为外文的，应当另附中文译本。海关总署认为必要时，可以要求知识产权权利人提交有关文件或者证据的公证、认证文书。

3. 决定与时效

海关总署应当自收到申请人全部申请文件之日起30个工作日内作出是否准予备案的决定，并书面通知申请人。不予备案的，海关需说明理由。

有下列情形之一的，海关总署不予受理：申请文件不齐全或者无效的；申请人不是知识产权权利人的；知识产权不再受法律、行政法规保护的。

知识产权海关保护备案自海关总署核准备案之日起生效，有效期为10年。自备案生效之日起知识产权的有效期不足10年的，备案的有效期以知识产权的有效期为准。

在知识产权海关保护备案有效期届满前6个月内，知识产权权利人可以向海关总署提出续展备案的书面申请并随附有关文件。海关总署应当自收到全部续展申请文件之日起10个工作日内作出是否准予续展的决定，并书面通知知识产权权利人；不予续展的，将说明理由。

续展备案的有效期自上一届备案有效期满次日起算，有效期为10年。知识产权的有效期自上一届备案有效期满次日起不足10年的，续展备案的有效期以知识产权的有效期为准。

知识产权海关保护备案有效期届满而不申请续展或者知识产权不再受法律、行政法规保护的，知识产权海关保护备案随即失效。

4. 变更与注销、撤销

向海关提交的申请书内容发生改变的，知识产权权利人应当自发生改变之日起30个工作日内向海关总署提出变更备案的申请并随附有关文件。

知识产权在备案有效期届满前不再受法律、行政法规保护或者备案的知识产权发生转让的，以及知识产权权利人在备案有效期内放弃备案的，应向海关总署申请注销备案。

海关发现知识产权权利人申请知识产权备案未如实提供有关情况或者文件的，海关总署可以撤销其备案。

知识产权备案情况发生改变，但知识产权权利人自发生改变之日起30个工作日内未向海关总署办理备案变更或者注销手续，给他人合法进出口或者海关依法履行监管职责造成严重影响的，海关总署可以根据有关利害关系人的申请撤销有关备案，也可以主动撤销有关备案。

💡 知识拓展

申请知识产权海关保护备案

知识产权权利人可以通过以下步骤进行知识产权海关保护备案。

1.登录"互联网＋海关"一体化办事平台，完善用户信息并提交，见图2-1。

图2-1 "互联网＋海关"办事界面

2.登录备案申请系统（网址为http://202.127.48.145:8888/）后，在申请新备案窗口内填写并提交申请备案的知识产权和其他相关信息，见图2-2。

海关总署会在申请人提交备案申请之日起30个工作日内作出核准或者驳回申请的决定。海关总署驳回申请的，权利人可以根据驳回理由修改申请内容并再次提交。

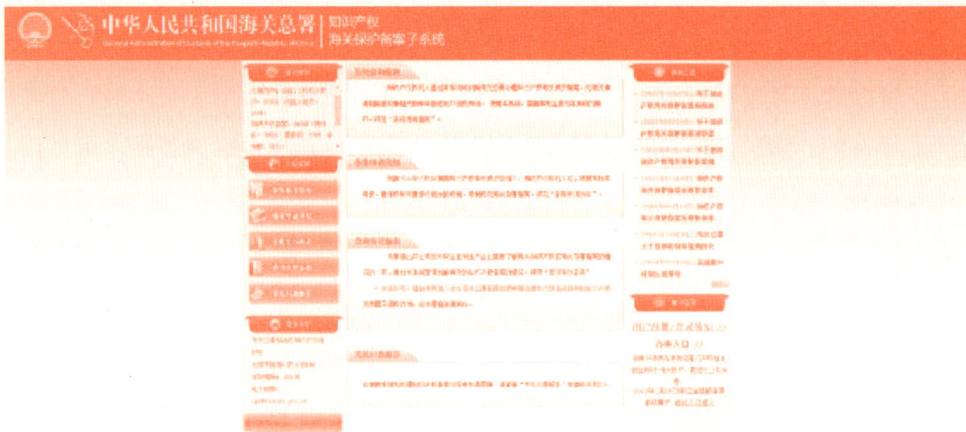

图2-2　备案申请系统

（二）申请扣留侵权嫌疑货物及提供担保

知识产权权利人发现侵权嫌疑货物即将进出口，或者接到海关就实际监管中发现进出口货物涉嫌侵犯在海关总署备案的知识产权而发出书面通知的，可以向货物进出境地海关提出扣留侵权嫌疑货物的申请，并按规定提供相应的担保。

1. 知识产权权利人申请扣留（海关依申请保护）

知识产权权利人发现侵权嫌疑货物即将进出口并要求海关予以扣留的，应当向货物进出境地海关提交申请书及相关证明文件。有关知识产权未在海关总署备案的，知识产权权利人还应当随附有关知识产权的证明文件及证据。

知识产权权利人提交的证据，应当能够证明以下事实：

①请求海关扣留的货物即将进出口；

②在货物上未经许可使用了侵犯其商品专用权的商标标志、作品或者实施了其专利。

知识产权权利人发现侵权嫌疑货物即将进出口，请求海关扣留侵权嫌疑货物，应当在海关规定的期限内，向海关提供相当于货物价值的担保。知识产权权利人提出的申请不符合规定或者未按规定提供担保的，海关应驳回其申请并书面通知知识产权权利人。

2. 知识产权权利人接到海关通知的扣留申请（海关依职权保护）

海关对进口货物实施监管时发现进出口货物涉及在海关总署备案的知识产权且进出口商或者制造商使用有关知识产权的情况未在海关总署备案的，可以要求收发货人在规定期限内申报货物的知识产权状况和提交相关证明文件。

收发货人未按照有关规定申报货物知识产权状况和提交相关证明文件，或者海关有理由认为货物涉嫌侵犯在海关总署备案的知识产权的，海关应当中止放行货物并书面通知知识产权权利人。

知识产权权利人在接收到海关书面通知之日起3个工作日内应予以回复。

认为有关货物侵犯其在海关总署备案的知识产权并要求海关予以扣留的，向海关提出扣留侵权嫌疑货物的书面申请。其扣留申请办法与知识产权权利人发现侵权嫌疑的扣留申请相同。

认为有关货物未侵犯其在海关总署备案的知识产权或者不要求海关扣留的，向海关书面说明理由。经海关同意知识产权权利人可以查看有关货物。

知识产权权利人在接到海关发现侵权嫌疑货物通知后，认为有关货物侵犯其在海关总署备案的知识产权并提出申请要求海关扣留侵权嫌疑货物的，应当按照以下规定向海关提供担保：货物价值不足人民币2万元的，提供相当于货物价值的担保；货物价值为人民币2万至20万元的，提供相当于货物价值50%的担保，但担保金额不得少于人民币2万元；货物价值超过人民币20万元的，提供人民币10万元的担保。

3. 总担保

知识产权权利人根据规定请求海关扣留涉嫌侵犯商标专用权货物的，可以向海关总署提供总担保。

在海关总署备案的商标专用权的知识产权权利人，经海关总署核准可以向海关总署提交银行或者非银行金融机构出具的保函，为其向海关申请商标专用权海关保护措施提供总担保。

自海关总署核准其使用总担保之日至当年12月31日，知识产权权利人在接到海关发现侵权嫌疑货物通知后，请求海关扣留涉嫌侵犯其已在海关总署备案的商标专用权的进出口货物的，无须另行提供担保，但知识产权权利人未按规定支付有关费用或者未按规定承担赔偿责任，海关总署向担保人发出履行担保责任通知的除外。

知识产权权利人申请使用总担保，应向海关总署提交知识产权海关保护总担保申请书，并随附已获准在中国大陆境内开展金融业务的银行出具的为知识产权权利人申请总担保承担连带责任的总担保保函和知识产权权利人上一年度向海关申请扣留侵权嫌疑货物后发生的仓储处置费的清单。

总担保的金额应相当于知识产权权利人上一年度向海关申请扣留侵权嫌疑货物后发生的仓储、保管和处置等费用之和；知识产权权利人上一年度未向海关申请扣留侵权嫌疑货物或者仓储处置费不足人民币20万元的，总担保的保证金金额为人民币20万元。

总担保保函的有效期是指作为担保人的银行承担履行担保责任的期间，即总担保保函签发之日起至第二年6月30日。

担保事项发生期间是指知识产权权利人在向海关提出采取保护措施申请时无须另行提供担保的期间，即自海关总署核准之日起至当年12月31日。

知识产权权利人未提出申请或者未提供担保的，海关将放行货物。

（三）对侵权嫌疑货物的调查处理

1. 扣留

知识产权权利人申请扣留侵权嫌疑货物并提供担保的，海关应当扣留侵权嫌疑货物并将扣留侵权嫌疑货物的扣留凭单送达收发货人。经海关同意收发货人可以查看海关扣留的货物。

2. 调查

海关依职权扣留侵权嫌疑货物属于主动采取制止侵权货物进出口的措施。海关扣留侵权嫌疑货物后，应当依法对侵权嫌疑货物及其他有关情况进行调查。收发货人和知识产权权利人应当对海关调查予以配合，如实提供有关情况和证据。海关对依申请扣留的侵权嫌疑货物不进行调查，知识产权权利人需要就有关侵权纠纷向人民法院起诉。海关对侵权嫌疑货物进行调查，可以请求有关知识产权主管部门提供咨询意见。

知识产权权利人与收发货人就海关扣留的侵权嫌疑货物达成协议，向海关提出书面申请并随附相关协议，要求海关解除扣留侵权嫌疑货物的，海关除认为涉嫌构成犯罪外，可以终止调查。

3. 放行被扣留货物

海关对扣留的侵权嫌疑货物进行调查，不能认定货物是否侵犯有关知识产权的，应当自扣留侵权嫌疑货物之日起30个工作日内书面通知知识产权权利人和收发货人。海关不能认定货物是否侵犯有关专利权的，收发货人向海关提供相当于货物价值的担保后，可以请求海关放行货物。海关同意放行货物的，应当书面通知知识产权权利人。

知识产权权利人就有关专利侵权纠纷向人民法院起诉的，应当在海关放行货物的书面通知送达之日起30个工作日内，向海关提交人民法院受理案件通知书的复印件。对海关不能认定有关货物是否侵犯其知识产权的，知识产权权利人可以依法在起诉前向人民法院申请采取责令停止侵权行为或者财产保全的措施。

海关自扣留侵权嫌疑货物之日起50个工作日内收到人民法院协助扣押有关货物书面通知的，应当予以协助；未收到人民法院协助扣押通知或者知识产权权利人要求海关放行有关货物的，海关应当放行货物。

4. 没收被扣留货物

被扣留的侵权嫌疑货物，海关经调查后认定侵犯知识产权的，予以没收，并应当将侵犯知识产权货物的情况书面通知知识产权权利人。

进出口货物或者进出境物品经海关调查认定侵犯知识产权，根据规定应当由海关予以没收但当事人无法查清的，自海关制发有关公告之日起满3个月后可由海关予以收缴。

对没收的侵权货物海关应当按照下列规定处置：有关货物可以直接用于社会公益事业或者知识产权权利人有收购意愿的，将货物转交给有关公益机构用于社会公益事业或者有偿转让给知识产权权利人。有关货物不能转交给有关公益机构用于社会公益事业或者有偿转让给知识产权权利人，且侵权特征能够消除的，在消除侵权特征后依法拍卖；但对进口假冒商标货物，除特殊情况外，不能仅清除货物上的商标标识即允许其进入商业渠道。拍卖货物所得款项上交国库。有关货物不能按照上述规定处置的，应当予以销毁。

海关拍卖侵权货物，应当事先征求有关知识产权权利人的意见。海关销毁侵权货物，知识产权权利人应当提供必要的协助。有关公益机构将海关没收的侵权货物用于社会公益事业，以及知识产权权利人接受海关委托销毁侵权货物的，海关应当进行必要的监督。

五、知识产权权利人的法律责任

海关协助人民法院扣押侵权嫌疑货物或者放行被扣留货物的，知识产权权利人应当支付货物在海关扣留期间的仓储、保管和处置等费用。

海关没收侵权货物的，知识产权权利人应当按照货物在海关扣留后的实际存储时间支付仓储、保管和处置等费用。但海关自没收侵权货物的决定送达收发货人之日起3个月内不能完成货物处置，且非由收发货人申请行政复议、提起行政诉讼或者货物处置方面的其他特殊原因导致的，知识产权权利人不需支付3个月后的有关费用。

知识产权权利人未支付有关费用的，海关可以从其向海关提供的担保金中予以扣除或者要求其担保人履行有关担保责任。侵权嫌疑货物被认定为侵犯知识产权的，知识产权权利人可以以将其支付的有关仓储、保管和处置等费用计入其为制止侵权行为所支付的合理开支。

海关接受知识产权保护备案和采取知识产权保护措施的申请后，因知识产权权利人未提供确切情况而未能发现侵权货物，未能及时采取保护措施或者采取保护措施不力的，由知识产权权利人自行承担责任。

知识产权权利人请求海关扣留侵权嫌疑货物后，海关不能认定被扣留的侵权嫌疑货物侵犯知识产权权利人的知识产权或者人民法院判定不侵犯知识产权权利人的知识产权的，知识产权权利人应当依法承担赔偿责任。

六、对担保的处理

海关没收侵权货物的，应当在货物处置完毕并结清有关费用后，向知识产权权利人退还担保金或者解除担保人的担保责任。

海关协助人民法院扣押侵权嫌疑货物或者根据规定放行被扣留货物的，收发货人可以就知识产权权利人提供的担保向人民法院申请财产保全。海关自协助人民法院扣押侵权嫌疑货物或者放行货物之日起20个工作日内，未收到人民法院就知识产权权利人提供的担保采取财产保全措施的协助执行通知的，海关应当向知识产权权利人退还担保金或者解除担保人的担保责任；收到人民法院协助执行通知的，海关应当协助执行。

海关放行被扣留的涉嫌侵犯专利权的货物后，知识产权权利人向海关提交人民法院受理案件通知书复印件的，海关应当根据人民法院的判决结果处理收发货人提交的担保金；知识产权权利人未提交人民法院受理案件通知书复印件的，海关应当退还收发货人提交的担保金。

七、海关知识产品备案信息查询

海关通过"知识产品海关保护备案子系统"公示已在海关备案的知识产权。申请人可以通过系统向海关总署传输备案申请、备案续展申请的电子数据并将电子数据打印成纸面申请书后，随同需要提交的证明文件邮寄至海关总署。申请人申请办理变更备案申请人、变更备案代理人、注销知识产权海关保护备案的，应当直接向海关总署提交规定格式的纸面申请，不需通过该系统传输电子数据。

项目实训

2022年9月，厦门海关所属高崎海关在对泉州某供应链公司申报出口的一批货物进行查验时，发现标有UMBRO（茵宝）等近十个国际知名运动品牌休闲鞋共计2259双。此外，该批货物中夹藏一批未如实申报的品牌包，经查验发现有1196个包及其外包装、随附标签上标有多个国际知名奢侈品牌标识。上述品牌包均包装完好，制作精良，其中的部分包随附境外购物发票、刷卡单、境外海关放行单据等全套境外购买及通关"凭证"，每个包售价折合人民币8000余元。经权利人鉴定，上述鞋包均为侵权产品，海关依法予以扣留，同时通报公安机关联合开展研判。经初步查明，嫌疑人拟将上述包夹藏出境后，再由境外"代购"人员以跨境销售方式返销国内，以假充真，赚取高额利润。

讨论海关对查获并扣留的物品会如何处理。

项目测试

一、单选题

1. 知识产权权利人办理知识产权海关保护备案，应当向（　　）提出申请。

A. 海关总署　　　　　　　　　　　B. 直属海关

C. 隶属海关　　　　　　　　　　　D. 直属海关或其授权的隶属海关

2. 我国海关进出境物品的重要原则是（　　）。

A. 自用、合理数量原则　　　　　　B. 不再转让原则

C. 合法进出境原则　　　　　　　　D. 合理在境内使用原则

3.海关监管程序分三个阶段，下列货物中，只通过海关进出境监管阶段，放行即结关的货物是（ ）。

A.保税加工货物　　　　　　　　B.特定减免税货物

C.一般进口货物　　　　　　　　D.暂时进口货物

4.海关对高级认证企业进行（ ）重新认证。

A.1年期　　　　B.2年期　　　　C.3年期　　　　D.5年期

5.海关对保税货物的稽查期限为保税货物的海关监管期限内及其后的（ ）内。

A.5年　　　　B.3年　　　　C.1年　　　　D.6个月

6.根据《中华人民共和国海关行政复议办法》的规定，公民、法人或者组织认为海关具体行政行为侵犯其合法权益的，可以自知道该具体行政行为之日起（ ）内提出海关行政复议申请。

A.60日　　　　B.30日　　　　C.15日　　　　D.7日

二、多选题

1.报关单证主要包括（ ）等。

A.进出口货物报关单　　　　　　B.提货单

C.合同　　　　　　　　　　　　D.发票

2.以下属于海关稽查的方式是（ ）。

A.常规稽查　　　B.专项稽查　　　C.验证稽查　　　D.延伸稽查

3.海关行政裁定的书面申请应当由（ ）决定是否受理。

A.海关总署　　　　　　　　　　B.海关总署授权的机构

C.企业所在地的直属海关　　　　D.企业所在地的隶属海关

4.海关可以在海关监管区域内对（ ）实施检查。

A.走私嫌疑人身体　　　　　　　B.有走私嫌疑的运输工具

C.有藏匿走私货物嫌疑的场所　　D.进出境运输工具

5.《中华人民共和国进出口关税条例》将减免税分为三类，即（ ）。

A.法定减免税　　B.特定减免税　　C.临时减免税　　D.暂准减免税

三、判断题

1.过境、转运、通运货物，办结海关手续的时限是自进境起至出境止。（ ）

2.高级认证企业进口货物可以享受通关便利措施。（ ）

3.境内设立海关的地点换装运输工具，而不通过境内陆路运输的，称通运货物。（ ）

4.我国《知识产权海关保护条例》规定，只有在海关总署备案的知识产权，才能向海关申请采取保护措施。（　　）

5.在海关监管区和海关附近沿海、沿边地区以外，海关在调查走私案件时有权检查、扣留有走私嫌疑的运输工具、货物、物品以及走私嫌疑人员。（　　）

🖊 项目测试

项目三

出入境货物检验检疫申报

知识目标

- 了解出入境检验检疫的含义、申报范围；
- 理解检验检疫更改、撤销和重新申报的规定要求；
- 了解《法检目录》的结构；
- 了解出入境动植物及其产品的申报要求。

能力目标

- 掌握食品、乳品、化妆品、玩具、旧机电产品等入境货物的检验检疫申报要求；
- 掌握食品、化妆品、危险货物等出境货物的检验检疫申报要求；
- 掌握出口至塞拉利昂、埃塞俄比亚、伊朗、也门等国货物的装运前检验要求；
- 掌握出入境快件、邮寄物、特殊物品的申报要求。

素养目标

- 树立诚信守法、人民至上、健康安全的理念；
- 具有实事求是的工作态度与创新精神。

▶ 项目背景

浙江某进出口贸易公司通过"义新欧"中欧班列，从欧洲进口了一批葡萄酒、饼干和菜籽油等货物，委托浙江正丽代理报关有限公司负责这批货物的进口通关事宜。经理让小温查询这批入境货物检验检疫申报的相关注意事项，提前做好准备。

任务一　出入境检验检疫申报要求

📋 任务清单

1. 了解检验检疫的含义和申报范围；
2. 熟悉入境检验检疫货物的一般申报要求；
3. 熟悉出境检验检疫货物的一般申报要求。

知识卡片

一、出入境检验检疫申报规定

（一）检验检疫申报的含义

检验检疫申报是指有关当事人根据法律、行政法规的规定，对外贸易合同的约定或证明履约的需要，向海关申请检验、检疫、鉴定，以获准出入境或取得销售使用的合法凭证及某种公证证明所必须履行的法定程序和手续。

《中华人民共和国进出口商品检验法实施条例》规定："法定检验的进口商品的收货人应当持合同、发票、装箱单、提单等必要的凭证和相关批准文件，向报关地的出入境检验检疫机构报检；通关放行后20日内，收货人应当依照本条例第十八条的规定，向出入境检验检疫机构申请检验。法定检验的进口商品未经检验的，不准销售，不准使用。""法定检验的出口商品未经检验或者经检验不合格的，不准出口。"

《中华人民共和国进出境动植物检疫法实施条例》规定："输入动植物、动植物产品和其他检疫物的，货主或者其代理人应当在进境前或者进境时向进境口岸动植物检疫机关报检。属于调离海关监管区检疫的，运达指定地点时，货主或者其代理人应当通知有关口岸动植物检疫机关。属于转关货物的，货主或者其代理人应当在进境时向进境口岸动植物检疫机关申报；到达指运地时，应当向指运地口岸动植物检疫机关报检。"

《中华人民共和国国境卫生检疫法实施细则》规定："入境、出境的微生物、人体组织、生物制品、血液及其制品等特殊物品的携带人、托运人或者邮递人，必须向卫生检疫机关申报并接受卫生检疫，凭卫生检疫机关签发的特殊物品审批单办理通关手续。未经卫生检疫机关许可，不准入境、出境。"

（二）出入境检验检疫申报范围

根据国家法律、行政法规的规定和目前我国对外贸易的实际情况，出入境检验检疫的申报范围主要包括以下四个方面。

1. 法律、行政法规规定

我国有关法律、行政法规规定在出入境时必须向海关申报的，由海关实施检验检疫或鉴定工作。

2. 输入国家（地区）规定

有的国家（地区）发布的法令或行政规定要求，对某些来自我国的入境货物须凭海关签发的证书方可入境。如一些国家（地区）规定，对来自我国的动植物、动植物产品，凭我国海关签发的动植物检疫证书及有关证书方可入境。因此，凡出口货物输入国家（地区）有此类要求的，申报人须报经海关实施检验检疫或进行除害处理，取得相关证书或标识。

3. 国际条约或协议（协定）规定

随着加入世界贸易组织和其他一些区域性经济组织，我国已成为一些国际条约、公约和协定的成员。此外，我国还与世界几十个国家（地区）缔结了有关商品检验或动植物检疫的双边协定、协议，认真履行国际条约、公约、协议（协定）中的检验检疫条款是我们的义务。因此，凡国际条约、公约或协议（协定）规定须经我国海关实施检验检疫的出入境货物，申报人必须向海关进行检验检疫申报，由海关实施检验检疫。

4. 对外贸易合同约定

对外贸易合同是买卖双方通过协商，确定双方权利和义务的书面协议，一经签署即发生法律效力。在对外贸易中，买卖双方相距遥远，难以做到当面点交货物，为了保证对外贸易的顺利进行，保障买卖双方的合法权益，通常需要委托第三方对货物进行检验检疫或鉴定并出具检验检疫鉴定证书，以证明卖方已经履行合同，买卖双方凭证书进行交接、结算。

（三）检验检疫申报当事人的资格

申报单位办理业务应当向海关备案，并由该企业在海关备案的申报人员办理检验检疫申报手续。非贸易性质的报检行为，申报人凭有效证件可直接办理检验检疫申报手续。

（四）检验检疫申报方式

1. 整合申报

通过"单一窗口""互联网＋海关"预录入系统进行检验检疫申报。

2. "两步申报"

在保留原有申报模式的基础上，实施以概要申报、完整申报为主要内容的进口货物"两步申报"模式。

（五）检验检疫申报程序

出入境检验检疫申报程序一般包括准备申报单证、电子申报数据录入、上传无纸化单据、联系配合现场查验、签领检验检疫单证等几个环节。

1. 准备申报单证

申报人员了解出入境货物基本情况后，应按照货物的性质，根据海关有关规定和要求，准备好申报单证，并确认提供的数据和各种单证正确、齐全、真实、有效。需办理检疫审批、强制性认证、卫生注册等有关批准文件的，还应在申报前办妥相关手续。

2. 电子申报数据录入

申报人员通过"单一窗口""互联网＋海关"预录入系统进行检验检疫申报。

3. 上传无纸化单据

申报人员通过"单一窗口""互联网＋海关"预录入系统进行检验检疫申报时，应通过无纸化上传系统将随附单据电子版上传，无须在申报时提交纸质单证，海关监管过程中按照风险布控、签注作业等要求需要验核纸质单证的，申请人应当补充提交相关纸质单证。

4. 联系配合现场查验

申报人员应根据海关风险布控指令要求对需要现场查验的货物，主动联系配合海关实施检验检疫；向海关提供进行抽样、检验、检疫和鉴定等必要的工作条件，配合海关为实施检验检疫而进行的现场验（查）货、抽（采）样及检验检疫处理等事宜；落实海关提出的检验检疫监管措施和其他有关要求。

5. 签领检验检疫单证

对出入境货物检验检疫完毕后，海关根据评定结果签发相应的单证，申报人在领取海关出具的有关检验检疫单证时应如实签署姓名和领证时间。

（六）更改、撤销及重新申报

1. 更改

（1）经海关审核批准后可以更改的两种情形

①已申报的出入境货物，海关尚未实施检验检疫或虽已实施检验检疫但尚未出具单证的，由于某种原因申报人需要更改检验检疫申报信息的，可以向受理报检的海关申请，经审核批准后按规定进行更改；

②检验检疫单证发出后，申报人提出更改或补充内容的，应填写更改申请单，经海关有关部门审核批准后，予以办理。

（2）不予更改的两种情形

①品名、数（重）量、包装、发货人、收货人等重要项目更改后与合同、信用证不符的，或者更改后与输入国法律法规规定不符的，均不能更改；

②超过检验检疫单证有效期的，不予更改、补充或重发。

2. 撤销

申报人申请撤销检验检疫申报时，应书面说明原因，经批准后方可办理撤销手续。申报后30天内未联系检验检疫事宜的，作自动撤销申报处理。

3. 重新申报

有下列情况之一的应重新申报：

①超过检验检疫有效期限的；

②变更输入国家（地区），并有不同检验检疫要求的；

③改换包装或重新拼装的；

④已撤销申报的。

二、《出入境检验检疫机构实施检验检疫的进出境商品目录》

《出入境检验检疫机构实施检验检疫的进出境商品目录》通常被简称为《检验检疫目录》或《法检目录》。所谓"法检"，是进出口商品依照法律进行检验检疫，即"法定检验检疫"的简化称谓。《法检目录》的作用是明确列入目录的进出口商品应当符合国家技术规范的强制性要求，这也是"法定检验检疫"的根本目的。

《法检目录》的基本结构由商品编码、商品名称及备注、计量单位、海关监管条件和检验检疫类别5项组成。商品编码在原8位商品编码的基础上以末位补零的方式补足10位码，所有商品编码第9位前的小数点，一律取消。海关监管条件为"A"表示须实施入境检验检疫，海关监管条件为"B"表示须实施出境检验检疫，海关监管条件为"D"表示须实施毛坯钻石进出境检验。检验检疫类别代码见表3-1。

表3-1　检验检疫类别代码

代　码	名　称
P	进境动植物、动植物产品检疫
Q	出境动植物、动植物产品检疫
V	入境卫生检疫
W	出境卫生检疫
M	进口商品检验
N	出口商品检验
S	出口食品卫生监督检验
R	进口食品卫生监督检验
L	民用商品入境验证

三、入境检验检疫货物的一般申报要求

（一）入境检验检疫申报

入境检验检疫申报是指法定检验检疫入境货物的货主或其代理人，持有关单证向报关地海关申请对入境货物进行检验检疫以获得入境通关放行凭证，并取得入境货物销售、使用合法凭证的申报。对于入境一般检验检疫申报业务而言，签发放行指令和对货物的检验检疫都由报关地海关完成，货主或其代理人在办理完通关手续后，应主动与海关联系检验检疫工作。

（二）申报时限和地点

对入境货物，应在入境前或入境时向入境口岸、指定的或到达站的海关办理报检手续；入境的运输工具及人员应在入境前或入境时申报。

入境货物需对外索赔出证的，应在索赔有效期前不少于20天内向到货口岸或货物到达地的海关报检。

入境特殊物品的货主或者其代理人应当在特殊物品交运前向目的地直属海关申请特殊物品审批。

输入其他动物的，应当在入境前15天报检。

输入植物、种子、种苗及其他繁殖材料的，应当在入境前7天报检。

（三）申报时应提供的单据（含电子单据）

入境货物检验检疫时，应以电子形式提供外贸合同、发票、提（运）单、装箱单等必要的凭证及其他海关要求提供的特殊单证，并根据海关需要提供相关纸质单证。

四、出境检验检疫货物的一般申报要求

实施出境检验检疫的货物，企业应在报关前向产地、组货地海关申请。

（一）出境检验检疫申报

出境检验检疫申报是指法定检验检疫出境货物的货主或其代理人，办理出境货物通关手续前，持有关单证向产地海关申请检验检疫以取得出境电子底账及其他单证的申报。对于出境需要实施检验检疫的货物，产地海关检验检疫合格后，在口岸海关报关时，货主或其代理人凭产地海关签发出境电子底账信息方可向口岸海关报关。

（二）申报时限和地点

出境货物最迟应于报关或装运前7天报检，对于个别检验检疫周期较长的货物，应留有相应的检验检疫时间。

出境的运输工具和人员应在出境前向口岸海关报检或申报。

需隔离检疫的出境动物在出境前60天预报，隔离前7天报检。

出境特殊物品的货主或者其代理人应当在特殊物品交运前向其所在地直属海关申请特殊物品审批。

法定检验检疫货物，原则上应向产地海关申报并由产地海关实施检验检疫。

（三）申报时应提供的单据

出境货物申报时，应以电子形式提供合同、信用证（以信用证方式结汇时提供）、发票、装运单等必要的凭证及其他海关要求提供的特殊单证，并根据海关需要提供相关纸质单证。

任务二　入境货物申报特殊要求

任务清单

1.了解入境动物及其产品、植物及其产品的检验检疫申报要求；

2.熟悉入境食品、化妆品、玩具、旧机电产品等的检验检疫申报要求。

📋知识卡片

为保护人类健康和安全、保护动植物的生命和健康、保护环境、防止欺诈行为、维护国家安全，海关对一些涉及安全、卫生、环保的入境货物制定了一些特殊规定。这些特殊规定主要体现在针对不同的入境货物，海关在申报时限、地点、应提供的随附单据及检验检疫监督管理等方面存在着不同的要求。

💡知识拓展

动植物及其产品入境通行证——检疫审批

近年来，海关总署根据进境动植物产品检疫风险状况变化和评估结果，陆续发布公告对检疫审批名录实施动态调整。

一、申请单位资质

1.申请办理检疫审批手续的单位，应当是具有独立法人资格并直接对外签订贸易合同或者协议的单位。

2.过境动物的申请单位，应当是具有独立法人资格并直接对外签订贸易合同或者协议的单位或者其代理人。

二、申请时间

1.申请单位应当在签订贸易合同或者协议前，向审批机构提出申请并取得"检疫许可证"。

2.过境动物在过境前，申请单位应当向海关总署提出申请并取得"检疫许可证"。

三、检疫要求

1.输出和途经国家/地区无相关的动植物疫情。

2.符合中国有关动植物检疫法律法规和部门规章的规定。

3.符合中国与输出国家/地区签订的双边检疫协定（包括检疫协议、议定书、备忘录等）要求。

四、准入要求

申请许可证的产品应在我国准入名单内，相关信息在海关总署网站查询，动植物部分进入"动植物检疫司"子站（网址为http://dzs.customs.gov.cn/）查询，动植物源性食品进入"进出口食品安全局"子站（网址为http://jckspj.customs.gov.cn/）查询。

（一）入境动物及动物产品

1. 申报范围

入境动物及动物产品检验检疫申报范围包括入境的动物、动物产品及其他检疫物。

动物是指饲养、野生的活动物，如畜、禽、兽、蛇、龟、鱼、虾、蟹、贝、蚕、蜂等；动物产品是指来源于动物未经加工或者虽经加工但仍有可能传播疫病的产品，如生皮张、毛类、肉类、脏器、油脂、动物水产品、奶制品、蛋类、血液、精液、胚胎、骨、蹄、角等；其他检疫物是指动物疫苗、血清、诊断液、动植物性废弃物等。

2. 入境动物及动物遗传物质

动物遗传物质是指哺乳动物精液、胚胎和卵细胞。

（1）申报时限和地点

输入种畜禽及其精液、胚胎的，货主或其代理人应在入境前 30 日申报；输入其他动物的，则应在入境前 15 日申报。

输入动物及动物遗传物质，应当按照指定的口岸入境。

输入动物及动物遗传物质，货主或其代理人应向入境口岸海关申报，由口岸海关实施检疫；入境后需调离入境口岸办理转关手续的，除活动物和来自动植物疫情流行国家或地区的检疫物由入境口岸检疫外，其他均应分别向入境口岸海关申报和指运地海关申报，货主或其代理人向指运地海关申报检疫时，应提供相关单证的复印件和进境口岸海关签发的审结通知书，指运地一般为转关货物运输目的地和最终报关地。

（2）申报时应提供的单证

货主或其代理人在办理入境申报手续时，除按申报的一般要求录入申报数据并上传贸易合同、发票、装箱单、海运提单（或铁路运单、航空运单、海运单），还应上传原产地证书、输出国家（地区）官方出具的检疫证书正本、进境动植物检疫许可证正本（分批入境的，还需提供许可证复印件进行核销）、隔离场使用证（输入种用／观赏用水生动物、畜、禽等活动物的应提供）、备案证明书（输入动物遗传物质的，应提供经所在地海关批准并出具的使用单位备案证明书）。

无输出国家（地区）官方机构出具有效检疫证书的，或者未依法办理检疫审批手续的，海关根据具体情况，作退回或销毁处理。

3. 入境肉类产品及水产品

肉类产品是指动物屠体的任何可供人类食用部分，包括胴体、脏器、副产品以及以上述产品为原料的制品，不包括罐头产品。

水产品是指供人类食用的水生动植物产品及其制品，包括水母类、软体类、甲壳类、棘皮类、头索类、鱼类、两栖类、爬行类、水生哺乳类动物等水生动物产品及其制品，以及藻类等海洋植物产品及其制品，不包括活水生动物及水生动植物繁殖材料。

（1）申报时限和地点

货主或其代理人应在货物入境前或入境时向口岸海关申报，约定检疫时间。

入境后需调离入境口岸办理转关手续的，货主或其代理人应向口岸海关申报，到达指运地时，应当向指运地海关申报并实施检疫。

肉类产品及水产品只能从海关总署指定的口岸入境。

（2）申报时应提供的单证

肉类产品及水产品入境前或者入境时，货主或者其代理人应当上传进境动植物检疫许可证正本、输出国家（地区）官方签发的检验检疫证书正本、原产地证书（水产品免于提交）、贸易合同、提单、装箱单、发票等单证向入境口岸海关申报。

经港澳地区中转入境的肉类产品，必须加验港澳中检公司签发的检验证书正本。没有港澳中检公司签发的检验证书正本，不得受理申报。

水产品入境时，企业应提供相关贸易单证和输出国家或者地区官方签发的检验检疫证书。对于列入海关总署进口水产品检疫审批目录的水产品，还应提供有效的“中华人民共和国进境动植物检疫许可证”。

海关总署对向中国境内出口水产品的境外生产企业实施注册管理，并公布获得注册的企业名单。可登录海关总署网站查询“进口水产品境外生产企业注册信息”（见图3-1）。

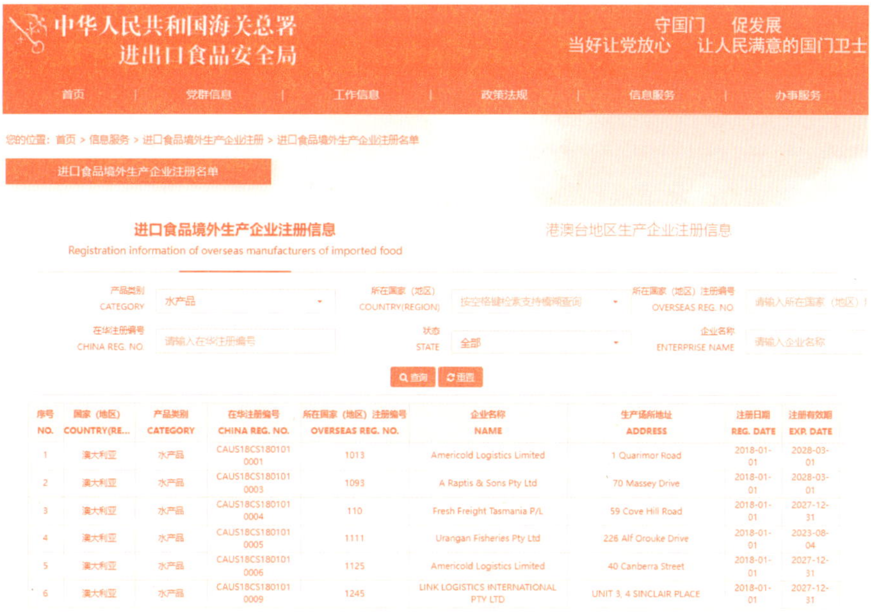

序号 NO.	国家（地区） COUNTRY(RE...	产品类别 CATEGORY	在华注册编号 CHINA REG. NO.	所在国家（地区）注册编号 OVERSEAS REG. NO.	企业名称 NAME	生产场所地址 ADDRESS	注册日期 REG. DATE	注册有效期 EXP. DATE
1	澳大利亚	水产品	CAUS18CS1801010001	1013	Americold Logistics Limited	1 Quarimor Road	2018-01-01	2028-03-01
2	澳大利亚	水产品	CAUS18CS1801010003	1093	A Raptis & Sons Pty Ltd	70 Massey Drive	2018-01-01	2028-03-01
3	澳大利亚	水产品	CAUS18CS1801010004	110	Fresh Freight Tasmania P/L	59 Cove Hill Road	2018-01-01	2027-12-31
4	澳大利亚	水产品	CAUS18CS1801010005	1111	Urangan Fisheries Pty Ltd	226 Alf Orouke Drive	2018-01-01	2023-08-04
5	澳大利亚	水产品	CAUS18CS1801010006	1125	Americold Logistics Limited	40 Canberra Street	2018-01-01	2027-12-31
6	澳大利亚	水产品	CAUS18CS1801010009	1245	LINK LOGISTICS INTERNATIONAL PTY LTD	UNIT 3, 4 SINCLAIR PLACE	2018-01-01	2027-12-31

图3-1　海关总署网站查询界面

案例分析

某农业科技有限公司于2024年11月20日至21日以一般贸易方式申报从美国进口的南美白对虾5280只，用途为种用。但是公司擅自将本应在某进境水生动物隔离检疫场隔离检疫的南美白对虾转运到某水产科技有限公司进行喂养。

思考：本案例中公司的做法是否正确？为什么？

4. 入境动物源性饲料及饲料添加剂

动物源性饲料及饲料添加剂是指源于动物或产自动物的产品经工业化加工、制作的供动物食用的产品及其原料。主要包括饵料用活动物、饲料用（含饵料用）冰鲜冷冻动物产品及水产品、加工动物蛋白及油脂、宠物食品及咬胶、配合饲料及含有动物源性成分的添加剂预混合饲料及饲料添加剂。

货主或者其代理人应当在饲料入境前或者入境时向海关申报，申报时应当提供原产地证书、贸易合同、提单、发票等，并根据对产品的不同要求提供进境动植物检疫许可证、输出国家（地区）检验检疫证书、进口饲料和饲料添加剂产品登记证复印件。

（二）入境植物及植物产品

1. 申报范围

入境植物及植物产品检验检疫申报范围包括入境植物、植物产品及其他检疫物。植物是指栽培植物、野生植物及其种子、种苗及其他繁殖材料等；植物产品是指源于植物未经加工或者虽经加工但仍有可能传播病虫害的产品，如粮食、豆、棉花、油、麻、烟草、籽仁、干果、鲜果、蔬菜、生药材、木材、饲料等；其他检疫物包括植物废弃物，如垫舱木、芦苇、草帘、竹篓、麻袋、纸等废旧植物性包装物、有机肥料等。

2. 入境种子、苗木等植物繁殖材料

植物繁殖材料是植物种子、种苗及其他繁殖材料的统称，指栽培、野生的可供繁殖的植物全株或者部分，如植株、苗木（含试管苗）、果实、种子、砧木、接穗、插条、叶片、芽体、块根、块茎、鳞茎、球茎、花粉、细胞培养材料（含转基因植物）等。

（1）申报时限和地点

输入植物、种子、种苗及其他繁殖材料的，货主或其代理人应在入境前7天持有关资料向海关申报，预约检疫时间。

（2）申报应提供的单据

货主或其代理人申报时，除按申报的一般要求录入申报数据外，还需上传合同、发票、提单、进境动植物检疫许可证（适用于需海关总署审批的种子、苗木）或引进种子、苗木检疫审批单或引进林木种子、苗木和其他繁殖材料检疫审批单及输出国（地区）官方植物检疫证书、原产地证书等有关文件。

3. 入境水果、烟叶和茄科蔬菜

（1）申报时限和地点

货主或其代理人应在入境前持有关资料向海关申报，约定检疫时间。

（2）申报应提供的单据

货主或其代理人申报时除按申报的一般要求录入申报数据外，还需上传合同、发票、提单、进境动植物检疫许可证及输出国（地区）官方植物检疫证书、产地证等有关文件。

4. 入境粮食和植物源性饲料

粮食是指禾谷类（如小麦、玉米、稻谷、大麦、黑麦、燕麦、高粱等）、豆类（如大豆、绿豆、豌豆、赤豆、蚕豆、鹰嘴豆等）、薯类（如马铃薯、木薯、甘薯等）等粮食作物的籽实（非繁殖用）及其加工产品（如大米、麦芽、面粉等）；植物源性饲料是指源于植物或产自植物的产品经工业化加工、制作的供动物食用的产品及其原料，包括饲料粮谷类、饲料用草籽、饲草类、麦麸类、糠麸饼粕渣类（麦麸除外）、青贮料、加工植物蛋白及植物粉类、配合饲料等。

货主或其代理人应当在入境前向入境口岸海关申报。申报时除按申报的一般要求录入申报数据外，还需上传合同、发票、提单、约定的检验方法标准或成交样品、原产地证书及按规定应当提供的其他有关单证，并根据产品的不同要求提供进境动植物检疫许可证、输出国家（地区）检验检疫证书。

需要办理并取得农业农村部进口饲料和饲料添加剂产品登记证的产品还应提供进口饲料和饲料添加剂产品登记证复印件。

对入境转基因产品，海关工作人员还须查验农业农村部颁发的农业转基因生物安全证书（进口）、农业转基因生物标识审查认可批准文件正本。

5. 其他入境植物产品

入境原木须附有输出国家（地区）官方检疫部门出具的植物检疫证书，证明不带有中国关注的检疫性有害生物或双边植物检疫协定中规定的有害生物和土壤。入境原木带有树皮的应当在输出国家（地区）进行有效的除害处理，并在植物检疫证书中注明除害处理方法、使用药剂、剂量、处理时间和温度；入境原木不带树皮的，应在植物检疫证书中作出声明。

入境干果、干菜、原糖、天然树脂、土产类、植物性油类产品等，货主或其代理人应当根据这些货物的不同种类进行不同的申报准备。需要办理检疫审批的，如干辣椒等，在货物入境前事先提出申请，办理检疫审批手续，取得许可证。

在输入上述货物前应当持合同、输出国（地区）官方出具的植物检疫证书向海关申报，约定检疫时间。经海关实施现场检疫、实验室检疫合格或经检疫处理合格的，签发入境货物检验检疫证明，准予入境销售或使用。

6. 入境转基因产品

转基因产品是指国家《农业转基因生物安全管理条例》规定的农业转基因生物及其他法律法规规定的转基因生物与产品，包括通过各种方式（如贸易、来料加工、邮寄、携带、生产、代繁、科研、交换、展览、援助、赠送及其他方式）进出境的转基因产品。

海关总署对入境转基因动植物及其产品、微生物及其产品和食品实行申报制度。

货主或其代理人在办理入境申报手续时，应当在申报信息的货物名称栏中注明是否为转基因产品。申报为转基因产品的，除按规定提供有关单证外，还应当提供法律法规规定的主管部门签发的农业转基因生物安全证书和农业转基因生物标识审查认可批准文件。

（三）进口食品

1. 申报范围

进口食品的检验检疫申报范围包括食品、食品添加剂和食品相关产品。

食品是指各种供人食用或者饮用的成品和原料及按照传统既是食品又是药品的物品，但是不包括以治疗为目的的物品。

食品添加剂是指为改善食品品质和色、香、味及为防腐、保鲜和加工工艺需要而加入食品中的人工合成或者天然物质。

食品相关产品是指用于食品的包装材料、容器、洗涤剂、消毒剂和用于食品生产经营的工具、设备。

预包装食品指经预先定量包装，或装入（灌入）容器中，向消费者直接提供的食品。

2. 申报要求

进口食品、食品添加剂和食品相关产品，应当经海关检验合格后放行。在此之前，货主或代理人应当持合同、发票、装箱单、提单等必要的凭证和相关批准证明文件，向报关地海关申报。

入境动植物源性食品的货主或代理人在申报时应根据产品的不同提供相应的动植物检疫许可证、输出国家（地区）出具的检验检疫证书及原产地证书。

食品添加剂进口企业申报时应当提供如下资料：注明产品用途（食品加工用）的贸易合同，或者贸易合同中买卖双方出具的用途声明（食品加工用）；食品添加剂完整的成分说明；进口企业是经营企业的，应提供加盖进口企业公章的工商营业执照或经营许可证复印件；进口企业是食品生产企业的，应提供加盖进口企业公章的食品生产许可证复印件；需办理检验检疫审批的，还应提供进境动植物检疫许可证。

进口预包装食品被抽中现场查验或实验室检验的，进口商应当向海关人员提交其合格证明材料、进口预包装食品的标签原件和翻译件、中文标签样张及其他证明材料。

🔍 **案例分析**

海口海关对一批申报原产国为韩国、品名为海鱼酸樱桃胶原蛋白的进口货物实施查验时，经风险分析实施标签实验室送检，实验室最终出具报告表明"岩藻多糖、粉琼脂不属于GB 2760—2024、GB 14880—2012中允许添加的物质。"海口海关根据实验室报告出具"检验检疫处理通知书"，督促企业对该批产品作退运或销毁处理。

思考： 我国对食品添加剂检验有什么要求？

（四）进口乳品

1. 申报范围

进口乳品包括初乳、生乳和乳制品。

初乳是指奶畜产犊后7天内的乳。

生乳是指从符合中国有关要求的健康奶畜乳房中挤出的无任何成分改变的常乳。奶畜初乳、应用抗生素期间和休药期间的乳汁、变质乳不得用作生乳。

乳制品是指以乳为主要原料加工而成的食品，例如巴氏杀菌乳、灭菌乳、调制乳、发酵乳、干酪及再制干酪、稀奶油、奶油、无水奶油、炼乳、乳粉、乳清粉、乳清蛋白粉和乳基婴幼儿配方食品等。其中，由生乳加工而成、加工工艺中无热处理杀菌过程的产品为生乳制品。

2. 申报要求

①提交合同、发票、装箱单、提单等必要凭证；

②提交出口国家（地区）政府主管部门出具的卫生证书；

③首次进口的乳品，应当提供相应食品安全国家标准中列明项目的检测报告；

④非首次进口的乳品，应当提供首次进口检测报告的复印件及海关总署要求项目的检测报告；

⑤进口需要检疫审批的乳品，应当取得进境动植物检疫许可证；

⑥涉及有保健功能的，应当取得有关部门出具的许可证明文件。

（五）进口化妆品

国家对化妆品实行注册和备案管理，特殊化妆品经国家药品监督管理局注册后方可进口，普通化妆品应当在进口前向国家药品监督管理局备案。海关总署自2022年1月1日起取消进口化妆品境内收货人备案。

1. 申报范围

化妆品指以涂、擦散布于人体表面任何部位（如皮肤、毛发、指甲、口唇等）或口腔黏膜，以达到清洁、护肤、美容和修饰目的的产品。

2. 申报要求

进口化妆品的收货人或者其代理人应当按照海关总署相关规定申报。其中首次进口的化妆品应当符合下列要求：

①国家没有实施卫生许可或者备案的化妆品，应当提供在生产国家（地区）允许生产、销售的证明文件或者原产地证明；

②销售包装化妆品成品，还应当提交中文标签样张和外文标签及翻译件；

③非销售包装的化妆品成品，还应当提供包括产品的名称、数（重）量、规格、产地、生产批号和限期使用日期（生产日期和保质期）、加施包装的目的地名称、加施包装

的工厂名称、地址、联系方式等信息。

（六）进口玩具

1. 申报范围

进口玩具检验检疫申报范围包括列入《法检目录》及法律、行政法规规定必须经海关检验的进口玩具。海关对《法检目录》外的入境玩具按照海关总署的规定实施抽查检验。

2. 申报要求

进口玩具的收货人或者其代理人应在入境前或入境时向报关地海关报检。除按申报的一般要求录入申报数据外，还需提供电子版外贸合同、发票、装箱单、提（运）单等有关单证。对列入强制性产品认证目录的进口玩具还应当取得强制性产品认证证书。海关对强制性产品认证证书电子数据进行系统自动比对验核。

案例分析

2023年4月，北京海关所属丰台海关关员在对一批进口塑胶玩具实施现场检验时，发现该批货物内、外包装均无中文标识和使用说明，并且收货人无法提供有效的CCC认证（China Compulsory Certification的简称，意为"中国强制性产品认证"），共计1178件，货值6565.79美元。丰台海关判定该批货物不合格并依法督促企业对货物进行退运处理。

据了解，海关检验进口玩具时，重点对中文标识和使用说明、警告标识等进行检查，主要实验室检测项目包括功能性锐利尖端、小零件、禁用邻苯二甲酸酯增塑剂和可迁移元素等。

思考： 我国对玩具进口有什么标准和规定？

（七）进口机动车辆

所谓机动车辆是指由动力装置驱动或牵引、在道路上行驶的、供乘用或运送物品或进行专项作业的轮式车辆，包括汽车及汽车列车、摩托车及轻便摩托车、拖拉机运输机组、轮式专用机械车和挂车等，但不包括任何在轨道上运行的车辆。

1. 申报范围

进口机动车辆检验检疫申报范围包括列入《法检目录》的进口机动车辆，以及虽未列入但国家有关法律法规明确由海关负责检验的入境机动车辆。进口汽车的销售单位凭海关签发的进口机动车辆随车检验单等有关单证到当地工商行政管理部门办理进口汽车国内销售备案手续。用户在国内购买进口汽车时必须取得海关签发的进口机动车辆随车检验单和购车发票。在办理正式牌证前，到所在地海关登检、换发进口机动车辆检验证明，作为到车辆管理机关办理正式牌证的依据。

2. 申报要求

进口机动车辆运抵入境口岸后，收货人或其代理人应持有关单证向口岸海关办理申报手续。申报时，应提供合同、发票、提（运）单、装箱单（列明车架号）等单证及有关技术资料。进口汽车入境口岸海关负责进口汽车入境检验工作，经登记的进口汽车，在质量保证期内的，如用户发现质量问题，应向所在地海关申请检验出证。

（八）进口旧机电产品

1. 申报范围

所谓旧机电产品，是指具有下列情形之一的机电产品：

①已经使用（不含使用前测试、调试的设备），仍具备基本功能和一定使用价值的；

②未经使用，但超过质量保证期（非保修期）的；

③未经使用，但存放时间过长，部件产生明显有形损耗的；

④新旧部件混装的；

⑤经过翻新的，如旧压力容器类、旧工程机械类、旧电器类、旧车船类、旧印刷机械类、旧食品机械类、旧农业机械类等。

进口旧机电产品，进口单位须向海关总署或其授权的检验机构申请办理入境检验。

2. 申报要求

收货人或者其代理人应当凭合同、发票、装箱单、提单等资料向海关办理申报手续。需实施装运前检验的，申报前还应当取得装运前检验证书。

（九）入境危险化学品

1. 申报范围

入境危险化学品检验检疫申报范围指列入国家《危险化学品目录》（最新版）的危险化学品。

2. 申报要求

入境危险化学品的收货人或者其代理人须按照《出入境检验检疫报检规定》在中国国际贸易"单一窗口"填报如下信息：货物属性、检验检疫名称、危险类别、包装类别（散装除外）、联合国危险货物编号（UN编号）、联合国危险货物包装标记（包装UN标记）（散装除外），并向报关地海关申报。

3. 申报时应提供的单据

①进口危险化学品经营企业符合性声明；

②对需要添加抑制剂或稳定剂的产品，应提供实际添加抑制剂或稳定剂的名称、数量等情况说明；

③中文危险公示标签（散装产品除外）、中文安全数据单的样本。

案例分析

　　2023年10月，A公司在H海关进口两批燃料油，报检时提供的外贸合同显示买方分别为东营市H贸易公司和舟山市M石化公司，进口代理商均为A公司，其余材料如提单、自动进口许可证等均显示收货人为A公司。2023年11月，海关放行后，工作人员对上述货物分别进行现场检验并取制样送检。经实验室检验鉴别，该货物属于固体废物。2024年2月18日，H海关出具检验检疫处理通知书，告知A公司该批货物属于禁止进口的固体废物，须作退运处理。后经核查发现，涉案的两批货物均未依法退运，且分别于检验结果出具之前被运输出库。

思考：

1.A公司的做法违反了什么规定？

2.本案例中涉及的三家公司谁应当承担主体责任？

（十）入境展览物品

1.申报范围

　　入境展览物品检验检疫申报范围包括参加国际展览的入境展览物品及其包装材料、运输工具等。

2.申报要求及其他检验检疫规定

　　展览物品入境前或入境时，货主或其代理人应持有关单证向报关地海关申报。申报时，应如实申报并提供外贸合同（或参展函电）、发票、提（运）单等有关单证的电子信息。

　　需进行检疫审批的动植物及其产品，应提供相应的检疫审批手续。入境展览物为旧机电产品的应按旧机电产品备案手续办理相关证明。如属于暂准进口货物单证册（以下称"ATA单证册"）项下的展览品，可以持ATA单证册作为证明文件申报。

　　入境展品不必进行品质检验，并免于提供CCC认证。

任务三　　出境货物申报特殊要求

任务清单

　　1.了解出境动物及其产品、植物及其产品的检验检疫申报要求；

　　2.熟悉出境食品、化妆品、危险货物等的检验检疫申报要求；

　　3.了解出口至塞拉利昂、埃塞俄比亚、伊朗、也门等国货物检验检疫规定。

📋知识卡片

在出境货物检验检疫工作中，由于货物的属性不同，检验检疫标准和监督管理的要求也不尽相同。海关根据检验检疫工作的需要，针对不同的出境货物在申报环节提出了不同的要求。

一、出境动物及动物产品

海关依照《中华人民共和国进出境动植物检疫法》（以下简称《动植物检疫法》）的规定，对出境动物及动物产品实施检疫。

（一）出境动物

1. 申报时限和地点

需隔离检疫的出境动物，货主或其代理人应在出境前60天向启运地海关预申报，隔离前7天向启运地海关正式申报；出境观赏动物（观赏鱼除外），应在出境前30天到出境口岸海关申报；出境野生捕捞水生动物的货主或者其代理人应当在水生动物出境3天前向出境口岸海关申报；出境养殖水生动物（包括观赏鱼）的货主或者其代理人应当在水生动物出境7天前向注册登记养殖场、中转场所在地海关申报。

2. 申报应提供的单证

除按规定申报提供合同、信用证（以信用证方式结汇时提供）、发票、装箱单等有关外贸单证电子信息外，申报部分出境动物还应提供其他相应的单证。

（二）纳入《进出口野生动植物种商品目录》管理范围的出境野生动物及其制品

1. 申报范围

申报范围包括：珍贵、濒危的陆生、水生野生动物和有益的或者有重要经济、科学研究价值的陆生野生动物；列入《国家重点保护野生动物名录》的国家一级、二级保护野生动物和列入《濒危野生动植物种国际贸易公约》（又称《华盛顿公约》）附录一、附录二的野生动物，以及驯养繁殖的上述物种；含有《进出口野生动植物种商品目录》所列野生动物成分的中成药；国家重点保护的和我国参加的国际公约限制出口的野生动物产品，包括其皮张、羽毛、掌骨、器官等；列入《进出口野生动植物种商品目录》的动物及其产品，既包括野外来源的，也包括通过人工驯养或人工繁殖获得的。

2. 申报应提供的单证

申报时，除按规定申报提供合同、信用证（以信用证方式结汇时提供）、发票、装箱单等有关外贸单证电子信息外，还需提供中华人民共和国濒危物种进出口管理办公室或其授权的办事处核发的濒危物种允许出口证明书或物种证明。

（三）出口肉类产品

1. 申报范围

肉类产品是指动物屠体的任何可供人类食用部分，包括胴体、脏器、副产品及以上述产品为原料的制品，不包括罐头产品。

2. 申报时限和地点

发货人或者其代理人应当在出口肉类产品启运前，向出口肉类产品生产企业所在地海关申报。出口肉类产品运抵中转冷库时应当向其所在地海关申报。中转冷库所在地海关凭生产企业所在地海关签发的检验检疫单证监督出口肉类产品入库。

（四）出境水产品

1. 申报范围

水产品包括供人类食用的水生动植物产品及其制品，包括水母类、软体类、甲壳类、棘皮类、头索类、鱼类、两栖类、爬行类、水生哺乳类动物等水生动物产品及其制品，以及藻类等海洋植物产品及其制品，不包括活水生动物及水生动植物繁殖材料。

2. 申报地点

出口水产品生产企业或者其代理人应当向产地海关申报。

3. 申报应提供的单证

除按规定申报提供合同、信用证（以信用证方式结汇时提供）、发票、装箱单等有关外贸单证电子信息外，申报水产品还应提供以下相应的单证：

①生产企业检验报告（出厂合格证明）；

②出货清单；

③所用原料中药物残留、重金属、微生物等有毒、有害物质含量符合输入国家（地区）及我国要求的书面证明。

二、出境植物及植物产品

海关依照《动植物检疫法》的规定，对出境植物及植物产品实施检疫。

申报范围包括：出境植物、植物产品和其他检疫物；装载植物、植物产品和其他检疫物的装载容器、包装物、铺垫材料；有关法律、行政法规、国际条约规定或者贸易合同约定应当实施出境植物检疫的其他货物、物品。

（一）出境水果

1. 申报范围

新鲜水果，含冷冻水果。其中，冷冻水果是指加工和在−18℃以下储存、运输的水果。

2.申报地点

出境水果应在包装厂所在地海关申报，按申报规定提供有关单证及产地供货证明。出境水果来源不清楚的，不予受理申报。

3.申报应提供的单证

出境水果来自注册登记果园、包装厂的，应当提供注册登记证书复印件；来自本辖区以外其他注册果园的，由注册果园所在地海关出具水果产地供货证明。

（二）出境粮食

1.申报范围

粮食是指用于加工、非繁殖用途的禾谷类、豆类、油料类等作物的籽实以及薯类的块根或者块茎等。

2.申报地点

货主或者其代理人应当在粮食出境前向储存或者加工企业所在地海关申报。

3.申报应提供的单证

除按规定申报提供贸易合同、发票、自检合格证明等材料，贸易方式为凭样成交的，还应当提供成交样品。

（三）出境竹木草制品

1.申报范围

出境竹木草制品检验检疫申报范围包括出境的竹、木、藤、柳、草、芒等制品。

2.申报应提供的单证

除按规定申报并提供合同、信用证（以信用证方式结汇时提供）、发票、装箱单等有关外贸单证电子信息外，出境竹木草制品一类、二类企业申报时应当同时提供出境竹木草制品厂检记录单。

三、出口食品

1.申报范围

出口食品检验检疫申报范围包括各种供人食用、饮用的成品和原料，按照传统习惯加入药物的食品，以及用于出口食品的食品添加剂等。

2.申报应提供的单证

出口食品的出口商或者其代理人应当按照规定，凭合同、发票、装箱单、出厂合格证明、出口食品加工原料供货证明文件等必要的凭证和相关批准文件向出口食品生产企业所在地海关申报。申报时，应当将所出口的食品按照品名、规格、数（重）量、生产日期逐一申报。

■海关小课堂

除按规定申报并提供合同、信用证（以信用证方式结汇时提供）、发票、装箱单等有关外贸单证电子信息外，还应提供以下相应的单证：

①生产企业（包括加工厂、冷库、仓库）的出口食品生产企业备案证明。

②海关出具的出入境食品包装及材料检验检疫结果单。

四、出口化妆品

1. 申报范围

出口化妆品的检验检疫申报范围是列入《法检目录》及有关国际条约、相关法律、行政法规规定由海关检验检疫的化妆品（包括成品和半成品）。

具体申报范围包括商品编码为：33030000.00的香水及花露水，33041000.10的含濒危植物成分唇用化妆品，33041000.90的其他唇用化妆品，33042000.10的含濒危植物成分眼用化妆品，33042000.90的其他眼用化妆品，33043000的指（趾）甲化妆品，33049100.01的痱子粉、爽身粉，33049100.90的粉（不论是否压紧），33049900.10的护肤品（包括防晒油或晒黑油，但药品除外），33049900.91的其他含濒危植物成分美容品或化妆品，33049900.99的其他美容品或化妆品，33051000.10的含濒危植物成分的洗发剂，33051000.90的其他洗发剂（香波），33052000.00的烫发剂，33053000.00的定型剂，33059000.00的其他护发品等。

2. 申报应提供的单证

除按规定申报并提供合同、信用证（以信用证方式结汇时提供）、发票、装箱单等有关外贸单证电子信息外，首次出口的化妆品必须提供以下相应的文件：

①自我声明。声明企业已经取得化妆品生产许可证，且化妆品符合进口国家（地区）相关法规和标准的要求，正常使用不会对人体健康产生危害等内容。

②销售包装化妆品成品应当提交外文标签样张和中文翻译件。

五、出境危险货物

危险货物是指具有爆炸、易燃、毒害、感染、腐蚀、放射性等危险特性，在运输、储存、生产、经营、使用和处置中，容易造成人身伤亡、财产损毁或环境污染而需要特别防护的物质和物品。危险货物在为我们提供高质量生活的同时，对人类的安全、健康及赖以生存的资源和环境也有可能造成危害。目前国家对出境危险货物，包括烟花爆竹、出境打火机和点火枪类商品等，实施法定检验。

（一）出境烟花爆竹

烟花爆竹是我国传统的出口商品，同时烟花爆竹又属易燃、易爆的危险品，在生产、储存、装卸、运输各环节极易发生安全事故。为保证其安全运输出口，我国对出境烟花爆竹的生产企业实施登记管理制度，出境烟花爆竹的检验和监管采取产地检验和口岸查验相结合的办法。

1. 申报范围

商品编码为36041000.00的烟花爆竹产品。

2. 申报应提供的单证

除按规定申请并提供合同、信用证（以信用证方式结汇时提供）、发票、装箱单等有关外贸单证电子信息外，还应提供如下相应单证：

①出境货物运输包装性能检验结果单；

②出境危险货物运输包装使用鉴定结果单；

③生产企业对出口烟花爆竹的质量和安全作出承诺的声明。

（二）出境打火机、点火枪类商品

1. 申报范围

出境打火机、点火枪类商品检验检疫申报范围包括商品编码为96131000.00的一次性袖珍气体打火机、96132000.00的可充气袖珍气体打火机、96138000.00的其他类型打火机（包括点火枪）等。

2. 申报应提供的单证

除按规定填写出境货物报关单，并提供合同、信用证（以信用证方式结汇时提供）、发票、装箱单等有关外贸单证外，还应提供如下相应单证：

①出口打火机、点火枪类商品生产企业自我声明；

②出口打火机、点火枪类商品生产企业登记证；

③出口打火机、点火枪类商品的型式试验报告；

④出境货物运输包装性能检验结果单；

⑤出境危险货物运输包装使用鉴定结果单。

六、出口至塞拉利昂、埃塞俄比亚货物的装运前检验

为保证出口商品质量、数量和价格的真实性，方便进出口贸易，促进中非贸易的顺利发展，原国家质检总局分别与相关国家签订备忘录，对中华人民共和国出口至塞拉利昂、埃塞俄比亚的出口产品实施装运前检验。

1. 申报范围

申报范围包括出口至塞拉利昂和埃塞俄比亚的每批次价值在2000美元以上的所有贸易性出口产品。

2. 申报时限和地点

买卖双方签订出口合同后，在规定的时间内，出口商或其代理人到当地海关申报。

3. 申报应提供的单据

根据《出入境检验检疫报检规定》的要求，出口商或其代理人在申报时应提供合同、信用证及相应的文件和商业单证的电子信息。

七、出口至伊朗工业产品的装运前检验

为保证出口伊朗工业产品的质量，维护我国出口产品的质量信誉，避免产品质量纠纷，自2011年12月起对中国出口伊朗列入《法检目录》内的工业产品实施装运前检验。

1. 申报范围

申报范围包括列入《法检目录》第25～29章、第31～97章、海关监管条件为"B"，检验检疫类别为"N"的所有产品。

2. 申报应提供的单证

申报人应根据《出入境检验检疫报检规定》的要求提供合同、信用证及相关单据的电子信息。

八、出口至也门工业产品的装运前检验

为保证出口产品质量，促进中国和也门之间贸易的健康发展，自2014年3月起，对中国出口也门工业产品实施装运前检验。

1. 申报范围

申报范围包括《协调制度》第25～29章、第31～97章的产品。

2. 申报应提供的单证

申报人应提供合同、信用证及相关单据的电子信息。

任务四　其他检验检疫对象申报要求

任务清单

1. 了解出入境集装箱和交通运输工具的检验检疫规定；
2. 熟悉出入境快件、邮寄物、包装容器的检验检疫规定；
3. 掌握检验检疫复验管理。

知识卡片

一、进出境集装箱检验检疫申报

进出境集装箱是指国际标准化组织所规定的集装箱，包括出境、进境和过境集装箱。

集装箱根据是否装载货物又分为重箱和空箱。海关总署依法对出入境集装箱实施检验检疫。

（一）申报范围

1. 进境集装箱检验检疫申报范围

①所有进境集装箱应实施卫生检疫；

②来自动植物疫区的，装载动植物、动植物产品和其他检验检疫物的，以及箱内带有植物性包装物或铺垫材料的集装箱，应实施动植物检疫；

③法律、行政法规、国际条约规定或者贸易合同约定的其他应当实施检验检疫的入境集装箱，按照有关规定、约定实施检验检疫。

2. 出境集装箱检验检疫申报范围

①所有出境集装箱应实施卫生检疫；

②装载动植物、动植物产品和其他检验检疫物的集装箱，应实施动植物检疫；

③装运出口易腐烂变质食品、冷冻品的集装箱，应实施清洁、卫生、冷藏、密固等适载检验；

④输入国（地区）要求实施检验检疫的集装箱，按要求实施检验检疫；

⑤法律、行政法规、国际条约规定或者贸易合同约定的其他应当实施检验检疫的出境集装箱，按照有关规定、约定实施检验检疫。

3. 过境集装箱检验检疫范围

过境应检集装箱，由进境口岸海关实施查验，离境口岸海关不再实施检验检疫。

（二）申报要求

1. 进境集装箱的申报要求

进境集装箱承运人、货主或其代理人应当向进境口岸海关申报，未经海关许可，不得提运或拆箱。进境集装箱申报时，应提供集装箱数量、规格、号码，到达或离开口岸的时间，装箱地点和目的地，货物的种类、数量和包装材料等单证或情况的电子信息。

2. 出境集装箱的申报要求

出境集装箱申报人应该在装货前向所在地海关申报。未经海关许可，不准装运。

二、出入境交通运输工具检验检疫申报

出入境交通运输工具是指出入境船舶、飞机、车辆（包括火车、汽车及其他车辆）等交通运输工具。根据《中华人民共和国国境卫生检疫法》（以下简称《卫生检疫法》）及其实施细则、《动植物检疫法》及其实施条例的规定，海关依法对出入境交通运输工具实施检验检疫。

（一）申报范围

根据《卫生检疫法》及其实施细则、《动植物检疫法》及其实施条例的规定，出入境交通运输工具的申报范围为：

①所有出入境交通运输工具，包括船舶、飞机、火车和车辆等，都应当向海关申报，并实施卫生检疫。

②来自动植物疫区的入境交通运输工具，装载入境或过境动物的运输工具，包括船舶（含供拆船用的废旧船舶）、飞机、火车和车辆等，都须实施动植物检疫。

来自动植物疫区的交通运输工具，是指本航次或本车次的始发或途经地是动植物疫区的交通运输工具。

（二）申报要求

1. 出入境船舶的申报要求

海关根据《国际航行船舶出入境检验检疫管理办法》，对出入境船舶实施检验检疫。

（1）入境船舶的申报要求

入境船舶申报时，船方或者其代理人应当在船舶预计到达口岸 24 小时前（航程不足 24 小时的，在驶离上一口岸时）向海关申报，填报入境检疫申报书，并将船舶在航行中发现检疫传染病染疫人、疑似染疫人，或者有人非因意外伤害而死亡并死因不明的情况，立即向入境口岸海关报告。

办理入境检验检疫手续时，船方或者其代理人应当向海关提交航海健康申报书、总申报单、货物申报单、船员名单、旅客名单、船用物品申报单、压舱水报告单及载货清单，并应检验检疫人员的要求提交船舶免予卫生控制措施证书/船舶卫生控制措施证书、预防接种证书、健康证书以及航海日志等有关资料。

（2）出境船舶的申报要求

出境的船舶应当在最后离开的口岸接受检验检疫，办理出境检验检疫手续。出境的船舶，船方或者其代理人应当在船舶离境前 4 小时内向海关申报，办理出境检验检疫手续，同时提供下列资料：航海健康申报书、总申报单、货物申报单、船员名单、旅客名单及载货清单等有关资料（入境时已提交且无变动的可免于提供）。

2. 出入境航空器的申报要求

（1）入境飞机的申报要求

来自非检疫传染病疫区并且在飞行中未发现检疫传染病、疑似检疫传染病，或者有人非因意外伤害而死亡并死因不明的飞机，经海关同意，可通过地面航空站向海关采用电讯方式进行申报，飞机到达后，向海关提交总申报单、旅客名单及货物舱单。

来自检疫传染病疫区的飞机，在飞行中发现检疫传染病、疑似检疫传染病，或者有人非因意外伤害而死亡并死因不明时，机长应当立即通知到达机场的航空站向海关申报，并在最先到达的国境口岸指定地点接受检疫。

（2）出境飞机的申报要求

实施卫生检疫机场的航空站，应当在出境检疫的飞机起飞前向海关提交飞机总申报单、货物舱单和其他有关检疫证件，并向海关通知飞机的国籍、航班号、机型、机号、识别标志、预定起飞时间、经停站、目的站、机组及旅客人数。

3. 出入境列车及其他车辆的申报要求

（1）出入境列车的申报要求

出入境列车在到达或者出站前，车站有关人员应向海关提前通报列车预定到达时间或预定发车时间、始发站或终点站、车次、列车编组情况、行车路线、停靠站台、旅客人数、司乘人员人数、车上有无疾病发生等信息。

（2）出入境汽车及其他车辆的申报要求

边境口岸出入境车辆指汽车、摩托车、手推车、自行车、牲畜车等。

固定时间客运汽车在出入境前由有关部门提前通报预计到达时间、旅客人数等信息；装载的货物应按规定提前向海关申报货物种类、数量及重量、到达地等信息。

三、出入境快件检验检疫申报

出入境快件是指依法经营出入境快件的企业（以下简称快件运营人）在特定时间内以快速的商业运输方式承运的出入境货物和物品。

（一）出入境快件检验检疫申报范围

应当实施检验检疫的出入境快件包括：

①根据《动植物检疫法》及其实施条例和《卫生检疫法》及其实施细则，以及有关国际条约、双边协议规定应当实施动植物检疫和卫生检疫的；

②列入海关实施检验检疫的《法检目录》内的；

③属于实施进口安全质量许可制度、出口质量许可制度及卫生注册登记制度管理的；

④其他有关法律、法规规定应当实施检验检疫的。

（二）出入境快件的申报要求

1. 申报的时间与地点

快件运营人应在入境快件到达海关监管区时，及时向所在地海关办理申报手续。

快件运营人应在出境快件的运输工具离境前4小时，向离境口岸海关办理申报手续。

快件运营人可以通过电子数据交换（electronic data interchange，EDI）的方式申请办理申报，海关对符合条件的，予以受理。

2. 申报应提供的单证

快件运营人在申请办理出入境快件申报时，应提供申报单、总运单、每一快件的分运单、发票等有关单证，并应当符合下列要求：

①输入动物、动物产品、植物种子、种苗及其他繁殖材料的，应当取得相应的检疫审批许可证和检疫证明；

②因科研等特殊需要，输入禁止进境物的，应当取得海关总署签发的特许审批证明；

③属于微生物、人体组织、生物制品、血液及其制品等特殊物品的，应当取得相关审批；

④属于实施进口安全质量许可制度、出口质量许可制度和卫生注册登记制度管理的，应当提供有关证明。

🔍 案例分析

J海关办事处在对入境邮包进行过机查验过程中先后查处了多起违法邮寄禁止进境濒危动植物案例，包括一批从美国邮寄进境的龟甲牡丹，两批从日本邮寄进境的独角鲸牙，一批从智利邮寄进境的辛顿花笼和娇丽球属两种多肉植物，一批从伯利兹邮寄进境的干海马，一批从马来西亚邮寄进境的藏有6种濒危蝴蝶的邮包，一批濒危野生动植物产品（含有马来熊股骨、蛇皮带、鳄鱼鞭、鳄鱼皮、蛇皮钱包等15类产品）。

思考： 为什么要对邮寄物实施检验检疫？具体有哪些规定？

四、出入境邮寄物检验检疫申报

（一）邮寄物检验检疫申报范围

邮寄物检验检疫是指对通过国际邮政渠道（包括邮政部门、国际邮件快递公司和其他经营国际邮件的单位）出入境的动植物、动植物产品和其他检疫物实施检验检疫。

（二）入境检疫申报

邮寄物入境后，邮政部门应及时通知海关实施现场检疫，并向海关提供入境邮寄物清单。

由国际邮件互换局直分到邮局营业厅的邮寄物，由邮局通知收件人在规定期限内到海关办理检疫手续。对须检疫审批的物品，收件人应向海关提供检疫审批的有关单证。快递邮寄物，由快递公司、收件人或其代理人在规定期限内到海关办理检疫手续。

（三）出境检疫申报

出境邮寄物有下列情况之一的，寄件人须向所在地海关申报，由海关按照有关国家（地区）的检验检疫要求实施现场和实验室检疫：

①寄往与我国签订双边植物检疫协定等的国家（地区），或输入国（地区）有检疫要求的；

②出境邮寄物中含有微生物、人体组织、生物制品、血液及其制品等特殊物品的；

③寄件人有检疫需要的。

五、出入境特殊物品检验检疫申报

（一）申报范围

出入境特殊物品指微生物、人体组织、人类遗传资源、生物制品、血液及其制品等。

出入境特殊物品单位是指从事特殊物品生产、使用、销售、科研、医疗、检验、医药研发外包的法人或者其他组织。

（二）申报要求

入境特殊物品到达口岸后，货主或者其代理人应当凭特殊物品审批单及其他材料向入境口岸海关申报。出境特殊物品的货主或者其代理人应当在出境前凭特殊物品审批单及其他材料向其所在地海关申报。

申报材料不齐全或者不符合法定形式的，海关不予入境或者出境。

六、出境货物运输包装容器检验检疫申报

出境货物运输包装根据所装货物的类别不同，在运输过程中的检验要求也不一样。一般来讲，根据检验的性质和要求，出境货物运输包装容器主要分为一般货物运输包装容器、危险货物运输包装容器、食品包装三大类。

（一）出境一般货物运输包装容器

出境一般货物运输包装容器的检验是指列入《法检目录》及其他法律、行政法规规定须经海关检验检疫的出口货物运输包装容器。

目前海关实施性能鉴定的出境货物运输包装容器包括：钢桶、铝桶、镀锌桶、钢塑复合桶、纸板桶、塑料桶（罐）、纸箱、集装袋、塑料编织袋、麻袋、纸塑复合袋、钙塑瓦楞箱、木箱、胶合板箱（桶）、纤维板箱（桶）等。

（二）出境危险货物运输包装容器

对于出口危险货物，如果包装不良、不适载或不适于正常的运输、装卸和储存，造成危险货物泄漏，甚至引起爆炸等，会危及人员、运输工具、港口码头、仓库的安全。国际上对运输危险货物有一套比较完整的规则，如《国际海运危险货物规则》《国际铁路运输危险货物规则》《国际公路运输危险货物规则》《国际空运危险货物规则》等。各国出口危险货物，必须符合国际运输规则的要求。海关对出口危险货物运输包装容器实施检验，是按照上述有关国际危险品管理规则进行的。

盛装危险货物的包装容器称为危险货物包装容器，均被列入法定检验范围。对出口危险货物运输包装容器的检验分为性能鉴定和使用鉴定两种。

1. 出境危险货物运输包装容器的性能鉴定

按照《中华人民共和国进出口商品检验法》的规定，为出口危险货物生产运输包装容器的企业，必须向商检机构申请运输包装容器性能鉴定。

出境危险货物运输包装容器申报时应提供以下单证：

①出境货物运输包装检验申请单；

②运输包装容器生产厂出具的出口危险货物运输包装容器质量许可证；

③运输包装容器的生产标准；

④企业符合性声明；

⑤运输包装容器的设计工艺、材料检验标准等技术资料。

2. 出境危险货物运输包装容器的使用鉴定

性能检验良好的运输包装容器，如果使用不当，仍达不到保障运输安全及保护商品的目的。为保证危险货物运输安全，危险货物运输包装容器经性能检验合格后，还必须进行使用鉴定。危险货物运输包装容器经商检机构鉴定合格并取得出境危险货物运输包装使用鉴定结果单后，方可包装危险货物出境。

申报时应提供的单证：

①出境货物运输包装检验申请单；

②出境货物运输包装性能检验结果单正本；

③危险货物说明，包括提供危险货物的危险特性分类鉴别报告、安全数据表和危险信息公示标签样本，首次使用塑料容器、塑料复合容器及有涂（镀）层的容器，应提供相容性试验报告；

④出口气体发生器类产品的包装申报时，须提供经中国合格评定国家认可委员会认可的检测机构出具的6（c）篝火试验检测报告；

⑤出口危险货物生产企业声明；

⑥其他法律、法规规定的有关资料。

（三）出境食品包装

为加强对出口食品包装容器、包装材料的安全卫生检验检疫和监督管理，保证出口食品安全，保护消费者身体健康，海关总署对出口食品包装生产企业实施备案管理，对出口食品包装产品实施检验。

1. 申报范围

出境食品包装包括出口食品的包装容器和包装材料。出口食品包装容器、包装材料（以下简称食品包装）是指已经与食品接触或预期会与食品接触的出口食品内包装、销售包装、运输包装及包装材料。

2. 申报应提供的单证

除需提供生产企业厂检合格单、销售合同外，还需提供以下单证：

①出入境货物运输包装检验申请单；

②食品包装的周期检测报告及原辅料检测报告。

食品包装生产企业在提供出口食品包装给出口食品生产企业前应到所在地海关申请对该出口食品包装的检验。出口食品报检时需提供海关出具的出境货物运输包装性能检验结果单，并注明出口国别。

七、检验检疫复验管理

申报人对海关作出的检验结果有异议的，可以向作出检验结果的主管海关或其上一级海关申请复验，也可以向海关总署申请复验。受理复验的海关或海关总署负责组织实施复验。申报人应予以配合。

申报人对同一检验结果只能向同一海关申请一次复验。

申报人对受理复验的海关或海关总署作出的复验结论不服的，可以依法申请行政复议，也可以向人民法院提起行政诉讼。

（一）工作程序和时限

1. 工作程序

①申报人提出复验申请；

②受理复验的海关或海关总署对申请材料进行审核，对符合规定的予以受理；

③受理复验的海关或海关总署组织实施复验；

④实施复验的海关或海关总署作出复验结论。

2. 工作时限

受理复验的海关或海关总署应当自收到复验申请之日起60日内作出复验结论；技术复杂，不能在规定期限内作出复验结论的，经本机关负责人批准，可以适当延长，但延长期限最多不超过30日。

（二）申请时限和条件

申报人申请复验，应当自收到海关作出的检验结果之日起15日内提出；因不可抗力或者其他正当理由不能申请复验的，申请期限中止。从中止的原因消除之日起，申请期限继续计算。申报人申请复验，应当保证（持）原申报商品的质量、重量、数量符合原检验时的状态，并保留其包装、封识、标志。

（三）申请时应提供的单据

①申请复验时，报检人应当按照规定如实填写复验申请表；

②申报人原申报时所提供的单证和资料；

③海关出具的原检验证书。

（四）复验的费用

申请复验的申报人应当按照规定缴纳复验费用。如果复验结论认定属原检验的海关责任的，复验费用由原海关负担。

项目实训

当事人以一般贸易方式向海关申报一批出口货物。海关查验发现，第11项薏苡仁申报重量900千克，实际出口400千克；第18项远志申报重量1720千克，实际出口920千克；第46项清补凉包申报重量666千克，实际出口366千克。另查获未申报货物腊鸭腿220千克、腊鸭肾150千克、虾米400千克、干鱿鱼210千克、鱼干370千克、干鲍鱼250千克，货值人民币7.765万元。当事人出口的未申报货物为法定检验检疫商品，其未向海关申报出口商品检验，也未申报出境动植物检疫，海关根据相应规定进行处罚，依法从重科处罚款人民币1.2424万元整。

讨论：海关处罚的依据是什么？对我们有哪些启示？

项目测试

一、单选题

1.进口货物应自装载货物的运输工具申报进境之日起（　　）内向海关申报，超过（　　）仍未向海关申报的，货物由海关提取并依法变卖。

A.15日；3个月　　　　　　　　　　B.14日；3个月

C.15日；1个月　　　　　　　　　　D.14日；1个月

2.某公司进口一批货物，载货运输工具于7月8日申报进境，次日该公司向海关申报电子数据被系统退单。经确认相关信息，该公司于7月10日重新向海关发送申报电子数据并于当日收到电子放行回执信息，该公司于7月11日向现场海关提交纸质报关单证，该批货物的申报日期是（　　）。

A.7月8日　　　　B.7月9日　　　　C.7月10日　　　　D.7月11日

3.海关总署对进境中药材实施（　　）制度。

A.境外生产企业备案　　　　　　　B.用途申报

C.申办《进境动植物检疫许可证》　　D.目的地检验检疫

4.杭州某贸易公司进口一批实木托盘包装电脑液晶显示屏（非法定检验检疫商品）。从青岛口岸入境通关后运至上海分公司，然后再进一步分销到无锡的零售商。报关单"目的地检验检疫机关"应填写（　　）。

A.青岛　　　　B.上海　　　　C.无锡　　　　D.不填

5.南京某食品贸易公司（企业注册地：南京鼓楼区）接受国外订单，委托苏州某糖果加工厂（企业注册地：苏州吴江区）生产一批糖果，计划从南京禄口机场空运出口，在货物出口前，企业需向（   ）提出实施出口检验检疫申请。

  A.南京海关   B.吴江海关

  C.禄口机场海关   D.以上海关均可

6.报检人申请复验，应当自收到海关的检验结果之日起（   ）日内提出。

  A. 5   B. 10   C. 15   D. 30

7.海运出口速冻水饺至日本，货主或其代理人需在装运前向海关申请集装箱（   ）。

  A. 适载检验   B. 品质检验   C. 密固检验   D. 卫生检验

8.小王收到从国外邮寄的一木箱的学习类图书，满足自用合理数量，但木箱未加施IPPC标识（国际木质包装检疫措施标准标识），经海关检疫未发现有活的有害生物，以下处置正确的是（   ）。

  A.图书连同木箱需退运   B.图书可以入境，木箱需销毁

  C.图书可以入境，木箱需熏蒸   D.图书可以入境，木箱需熏蒸

9.龙门式起重机出口（   ）需要实施装运前检验。

  A. 南苏丹   B. 海地   C. 伊朗   D. 柬埔寨

10.以下进口货物包装，需要按照木质包装申报的是（   ）。

  A.木板箱   B.胶合板箱

  C.橡木酒桶   D.木托盘（木板厚度小于6 mm）

二、多选题

1.（   ）进口时，企业需要向海关申领入/出境特殊物品卫生检疫审批单。

  A.人血   B.人类核酸   C.血型试剂   D.疟疾诊断试剂盒

2.出口危险化学品，必须（   ）。

  A.在产地办理法定检验手续

  B.在产地办理海关查验手续

  C.向产地海关提交出境货物运输包装性能检验结果单

  D.向产地海关提交危险特性分类鉴别报告

3.航空出口锂电池，必须提供的单证是（   ）。

  A.危险货物包装容器性能鉴定结果单

  B.危险货物包装容器使用鉴定结果单

  C.危险特性分类鉴别报告

  D.UN38.3检测报告

4.关于进出境集装箱检验检疫报检的要求，下列说法正确的是（   ）。

  A.所有进出境集装箱都应实施卫生检疫

B.植物性铺垫材料的进境集装箱应实施动植物检疫

C.过境的集装箱进出境口岸都应实施检验检疫

D.装有冷冻品的集装箱，应实施清洁卫生冷藏密固等适载检验

5.进出境阶段有下列（   ）情形，属于走私行为。

A.明知是走私进口的货物，直接向走私人非法收购的

B.经过设立海关的地点，以瞒报方式逃避海关监管，邮寄国家禁止进出境物品的

C.使用伪造的单证逃避海关监管，擅自将加工贸易进口料件在境内销售的

D.进出口货物价格申报不实，影响海关统计准确性的

三、判断题

1.进境需要检疫审批的食品，应当提供进境动植物检疫许可证。（   ）

2.进口汽车、咖啡、奶粉，均由口岸海关实施检验检疫，合格的出具入境货物检验检疫证明。（   ）

3.进口预包装食品标签经检验不合格，但可以进行技术处理的，海关相关部门允许进行整改。（   ）

4.列入《强制性产品认证目录》的产品必须经认证合格、加施认证标志后，方可出厂、进口、销售和在经营活动中使用。（   ）

5.法定检验检疫货物指的是《法定检验检疫目录》内的货物。（   ）

6.含有木质材料作为铺垫材料承载货物进口时，必须填报天然木托并加施IPPC标识。（   ）

🖊 项目测试

项目四 保税与自贸区监管

知识目标

▲ 了解保税监管基本制度；

▲ 理解加工贸易监管制度；

▲ 了解加工贸易电子化手册和加工贸易电子账册；

▲ 理解海关保税监管场所、综合保税区和自由贸易试验区。

能力目标

▲ 掌握加工贸易的前期手册（账册）设立，中期专项业务办理、报核，后期核销监管业务操作；

▲ 理解各种海关保税监管场所；

▲ 掌握综合保税区货物进出的海关监管制度。

素养目标

▲ 提升关务职业素质和通关技能水平；

▲ 具有良好的跨部门沟通和协调能力；

▲ 具备严谨的逻辑思维能力。

▶ 项目背景

浙江陆港进出口贸易公司通过"义新欧"中欧班列，从欧洲进口葡萄酒、饼干和菜籽油等，货物入境抵达义乌后，目前已存放在义乌综合保税区内。经理交代小温要熟悉并掌握综合保税区的报关规范和要求，并做好货物管理和申报工作。

任务一　保税监管

任务清单

1. 理解保税监管的含义；

2. 了解保税监管的基本制度。

📋**知识卡片**

海关保税监管是海关依据法律、行政法规及部门规章，对享受保税政策的进出口货物、物品在保税状态下进行实际监管的行政执法行为，是海关监管的重要组成部分。

一、保税监管的概念

（一）保税监管的基本概念

保税是指纳税义务人进口应税货物，在符合海关特定条件下，经申请主管海关同意，海关暂缓征收进口关税和进口环节税，同时保留征收税款的权利，而纳税义务人得以暂缓履行缴纳相关税款义务，货物处于海关监管之下的一种状态。

（二）保税监管的业务类型

保税加工（也称加工贸易，以下统称加工贸易），在产业链上体现为来料加工、进料加工等常规形式。

保税物流，包括进口货物在口岸与海关特殊监管区域、保税监管场所或在海关特殊监管区域、保税监管场所的内部和这些区域、场所之间，以及境内区外出口货物与海关特殊监管区域、保税监管场所之间的流转。保税物流监管体现为海关对供应链的过程监管。

保税服务，主要指适用保税政策的研发、试制和检测、维修、展示等产品前后端配套活动等生产性服务产业。随着对外经济贸易的发展，保税政策适用范围持续扩大，保税服务还包括保税交易（如期货交割）、融资租赁、离岸结算等其他新兴业态。

二、保税监管的基本制度

（一）备案核销制度

加工贸易、保税物流、保税服务经营企业以保税方式进口货物前，需要向所在地主管海关办理必要的手册、账册设立和货物备案手续。海关依据国家有关法律、法规和政策，对企业提交的材料进行审核，决定是否核准予以保税。这是货物以保税方式进口的前提，也是海关实施全过程保税监管的开始。海关对手册、账册按合同周期或定期核销，据此验证相关企业对保税货物管理是否符合海关监管要求，是保税监管后期管理的核心。

（二）保税核查制度

保税核查指海关依法对加工贸易货物、保税物流货物、保税服务货物进行验核查证，检查核实海关特殊监管区域区内区外企业、保税监管场所企业，经营保税业务行为的真实性、合法性。海关实行"多查合一"的业务管理，保税监管部门负责保税核查的选查，稽查部门负责实施相关业务核查。

（三）保税担保制度

保税担保是指与保税相关的经营企业向海关申请从事或办理加工贸易、保税物流、保税服务业务时，以向海关提交保证金、保证函等符合海关规定的担保方式，保证其行为合法，保证在一定期限内履行其承诺的义务的法律行为。

（四）内销征税制度

保税货物经营企业，因故将保税货物转为内销，海关依法对内销保税货物征收进口关税和进口环节增值税、消费税。内销保税货物完税价格由海关审定。海关规定应征收缓税利息的，经营企业应按规定缴纳缓税利息。内销保税货物，涉及进口贸易管制的，经营企业应按规定提交相关进口许可证件。

（五）风险监控制度

海关保税监管风险监控制度是指海关以保税业务监控分析系统、风险管理平台，以及执法评估、执法监督等信息化系统为依托，对经营企业资信状况、内部经营、保税货物经营信息、经营方式等风险要素，进行定量或定性风险识别、区分和分析，评估、确认海关保税监管风险管理目标实施管控的措施和方法。

任务二　加工贸易监管

📋任务清单

1.熟悉加工贸易监管制度，理解基本含义；

2.了解加工贸易电子化手册和电子账册的内容；

3.其他以保税形式开展的业务。

📑知识卡片

一、加工贸易的基本概念

加工贸易是指经营企业进口全部或者部分原辅材料、零部件、元器件、包装物料（统称为料件），经过加工或者装配后，将制成品复出口的经营活动。

加工贸易的经营形式包括来料加工和进料加工。

🔍案例分析

经海关调查，当事人某木材加工贸易企业因扩大产能，原海关备案厂区存放能力不足，遂另行租用某仓库存放保税料件实木板材8570立方米。经海关检查发现，当事人未向海关申请办理厂外存放保税料件的相关手续。经海关计核，涉案货物价值合计人民币

2569.85万元。海关根据规定，决定对当事人处以罚款人民币26万元。

思考： 当事人被罚款的原因是什么？依据的是什么处罚条例？

二、加工贸易监管制度

（一）单耗管理

单位耗料量，是指加工贸易企业在正常生产条件下加工生产单位成品所耗用的进口料件的数量，简称单耗。单耗包括净耗和工艺损耗。

净耗，是指在加工后，料件通过物理变化或者化学反应存在或者转化到单位成品中的量。

工艺损耗，是指由于加工工艺，料件在正常加工过程中除净耗外所必须耗用，但不能存在或者转化到成品中的量。工艺损耗包括有形损耗和无形损耗。

无形损耗，是指在加工生产过程中，由于物质自身性质或者经济、技术方面的原因，以气体、液体或者粉尘形态进行排放的不能或者不再回收的部分。工艺损耗中，无形损耗以外的部分即为有形损耗。

不列入工艺损耗的情形：突发停电、停水、停气或者其他人为原因造成保税料件、半成品、成品的损耗，丢失、破损等原因造成的保税料件、半成品、成品的损耗，不可抗力造成保税料件、半成品、成品的灭失、损毁或者短少的损耗，进口保税料件和出口成品的品质、规格不符合合同要求造成用料量增加的损耗，工艺性配料所用的非保税料件所产生的损耗，以及加工过程中消耗性材料的损耗。

工艺损耗率是指工艺损耗占所耗用料件的百分比。

上述几个概念之间的关系可用公式表示为：

$$单耗＝净耗÷（1-工艺损耗率）$$

（二）加工贸易海关事务担保

加工贸易涉及风险保证金征收，按海关事务担保事项办理。

1. 提供担保的情形

手册设立环节，有下列情形之一的，海关应当在经营企业提供相当于应缴税款金额的保证金或者银行、非银行金融机构保函后办理手册设立手续：

①涉嫌走私，已经被海关立案侦查，案件尚未审结的；

②由于管理混乱被海关要求整改，在整改期内的。

2. 担保方式和要求

①企业办理担保业务可采用保证金或银行、非银行金融机构保函等形式。对于同一笔业务应采用一种形式提供担保。

②以保证金形式办理担保业务时，企业应按海关开具的"海关交（付）款通知书"，

以人民币缴纳保证金，将应征保证金款项交至海关指定的代保管款账户。资金到账后海关向企业开具"海关保证金专用收据"。

③以保函形式办理担保业务时，企业应向海关提交银行或者非银行金融机构的保函正本，海关向企业制发收据。保函担保期限应为手册有效期满后80天。

3. 担保退还

经营企业已经办理担保的，海关在核销结案后按照规定解除担保。

①担保形式为保函的，企业应凭保函收据到海关办理保函退还手续；

②担保形式为保证金的，企业应凭"海关交（付）款通知书"编号、"海关保证金专用收据"（退款联）以及加盖企业财务专用章的合法收据，到海关财务部门办理保证金退还手续。

（三）加工贸易不作价设备

加工贸易不作价设备是指与加工贸易经营企业开展加工贸易（包括来料加工、进料加工及外商投资企业履行产品出口合同）的境外厂商，免费（不需境内加工贸易经营企业付汇，也不需用加工费或差价偿还）向经营单位提供的加工生产所需设备。

1. 加工贸易不作价设备进口手册设立的申请

企业向主管海关申请进口加工贸易不作价设备时应提交以下资料：设备申请备案清单，合同（含不作价设备），有关不作价设备名称、规格型号、工作原理、功能、技术参数等技术资料，以及海关需要的其他资料。

2. 海关审核

经海关审核，企业的申请符合条件的，核发不作价设备登记手册（D）。经营单位凭以向海关办理设备报关进口手续，除国家另有规定的外，海关予以免征进口关税验放，不免进口增值税。

3. 加工贸易不作价设备结转

加工贸易企业因搬迁办理不作价设备结转业务，应向迁出地海关提出申请。企业凭"加工贸易企业搬迁申请简表"或"加工贸易企业搬迁申请表"在迁出地海关办理不作价设备转入、转出的报关手续。不作价设备在迁出、迁入企业之间的转出、转入，视同原企业不作价设备进行监管。结转的不作价设备的监管期限连续计算。

4. 加工贸易不作价设备解除监管

不作价设备监管期限为3年。对于监管期限已满的不作价设备，企业不再向海关提交书面申请等纸质单证，向主管海关办理设备解除监管手续。

案例分析

经海关调查，当事人某建材公司因订单急需，在未经海关核准的情况下，擅自将本企业加工贸易手册项下的保税料件103吨PVC（聚氯乙烯）粉加工成建筑型材用于一般贸易出口，之后又将一般贸易进口的同品种、同规格、同数量的PVC粉还回到加工贸易生产当中，并进行了相应的手册调整。经海关计核，串换的保税料件货物价值人民币98.52万元。海关根据相关规定，决定对当事人处以罚款人民币1万元。

思考： 海关对当事人进行处罚的依据是什么？

（四）保税核注清单

1. 单证性质

保税核注清单是金关二期保税底账核注的专用单证，属于办理加工贸易及保税监管业务的相关单证，也是报关单（备案清单）随附单证，与报关单（备案清单）建立一一对应关系。

2. 单证作用

简化保税货物报关手续，取消形式报关、虚拟报关，对"不涉税""不涉证""不涉贸易统计"的报关单（备案清单）不再报关申报。企业办理加工贸易货物余料结转、加工贸易货物销毁（处置后未获得收入）、加工贸易不作价设备结转手续的，可不再办理报关单申报手续；海关特殊监管区域、保税监管场所间或与区（场所）外企业间进出货物的，区（场所）内企业可不再办理备案清单申报手续。

3. 申报要求

加工贸易及保税监管企业已设立金关二期保税底账的，在办理货物进出境、进出海关特殊监管区域、保税监管场所，以及开展海关特殊监管区域、保税监管场所、加工贸易企业间保税货物流（结）转业务的，相关企业应按照金关二期保税核注清单系统设定的格式和填制要求向海关报送保税核注清单数据信息，再根据实际业务需要办理报关手续。

4. 生成报关单数据

企业报送保税核注清单后需要办理报关单（备案清单）申报手续的，报关单（备案清单）申报数据由保税核注清单数据归并生成。海关特殊监管区域、保税监管场所、加工贸易企业间加工贸易及保税货物流转，应先由转入企业报送进口保税核注清单，再由转出企业报送出口保税核注清单。

知识拓展

保税核注清单与报关单

保税核注清单是金关二期加工贸易和保税系统的专用单证，是所有金关二期保税底账的进、出、转、存的唯一凭证。凡是已设立金关二期保税底账的，在办理货物进出境、进出海关特殊监管区域、保税监管场所，以及开展海关特殊监管区域、保税监管场所、加工贸易企业间保税货物流（结）转业务的都要用保税核注清单。

一、保税核注清单与报关单的区别

保税核注清单是反映企业生产实际的料号级商品；报关单（备案清单）用于通关，由料号级数据经过归并汇总的项号级商品，两级数据需要保持一致。

保税核注清单满足了海关加工贸易管理的精细化需求，归并后的报关单（备案清单）满足了简化报关手续的需求，两者是一一对应关系。

二、保税核注清单与报关单的联系

为简化保税货物报关手续，在金关二期保税核注清单系统启用后，可以不再办理报关单（备案清单）的情形有：

①加工贸易货物余料结转；

②加工贸易货物销毁（处置后未获得收入）；

③加工贸易不作价设备结转；

④海关特殊监管区域、保税监管场所间或与区（场所）外企业间进出货物的（由区［场所］内企业申报的）。

企业报送保税核注清单后需要办理报关单（备案清单）申报手续的，报关单（备案清单）申报数据由保税核注清单数据归并生成。

保税核注清单分为报关和非报关两类。设备解除监管、库存调整类核注清单必须填写"非报关"。

三、加工贸易电子化手册监管

（一）电子化手册概述

电子化手册是以加工贸易合同为管理对象，在手册设立、通关、核销等环节采用"电子手册＋自动核算"的模式取代纸质手册，并实现"电子申报、网上备案、无纸通关、无纸报核"的监管模式。

企业凭电子化手册，通过国际贸易"单一窗口"申报加工贸易货物进出境、深加工结转、外发加工、保税货物内销、核销等电子数据。

（二）电子化手册前期设立监管

电子化手册设立，是指企业凭加工贸易合同，向所在地主管海关申请办理电子化手册，海关对申报内容予以审核后建立电子化手册的过程。

1. 手册设立的申报

企业通过金关二期加贸管理系统直接发送手册设立（变更）数据，上传加工贸易合同或协议，以及海关按规定需要收取的其他单证和资料。海关按规定对企业申报的手册设立（变更）数据进行审核并反馈，相关处置完成后，系统生成（变更）电子化手册。

2. 加工贸易电子化手册变更

加工贸易电子化手册变更是指经营企业因原备案品名、规格、金额、数量、单损耗、商品编码等内容发生变化，以及电子化手册有效期因故需要延长，向主管海关申请办理备案变更手续。加工贸易电子化手册变更可分为新增变更、修改变更和删除变更三种。加工贸易手册设立内容发生变更的，经营企业应当在加工贸易手册有效期内办理变更手续。

经营企业应如实向海关申报手册内容和相关单证资料。手册设立后，海关发现企业申报内容、提交单证与事实不符的，应当按照下列规定处理：货物尚未进口的，海关注销其手册；货物已进口的，责令企业将货物退运出境。第二项规定情形下，经营企业可以向海关申请提供相当于应缴税款金额的保证金或者银行、非银行金融机构保函，继续履行合同。

（三）电子化手册中期监管

1. 深加工结转

深加工结转，是指加工贸易企业将保税进口料件加工的产品转至另一加工贸易企业进一步加工后复出口的经营活动。

企业通过金关二期加贸管理系统办理加工贸易深加工结转业务时，应在规定的时间内直接向海关申报保税核注清单及报关单办理结转手续。企业应于每月15日前对上月深加工结转情况进行保税核注清单及报关单的集中申报，但集中申报不得超过手（账）册有效期或核销截止日期，且不得跨年申报。企业深加工结转实行一次申报、收发货记录自行留存备查，海关对加工贸易深加工结转业务不再进行事前审核。

2. 外发加工

外发加工是指经营企业因受自身生产特点和条件限制，经海关备案并办理有关手续，委托承揽企业对加工贸易货物进行加工，在规定期限内将加工后的产品运回本企业并最终复出口的行为。

3. 加工贸易料件串换

经营企业应向海关提交加工贸易料件串换的书面申请，详细说明加工出口产品急需的有关情况，随附相关出口合同，以及串换料件涉及的加工贸易手册，列明串换保税料件的品名、规格、数量的清单。

4. 剩余料件、边角料、残次品、副产品和受灾保税货物

剩余料件，是指加工贸易企业在从事加工复出口业务过程中剩余的、可以继续用于加工制成品的加工贸易进口料件。

边角料，是指加工贸易企业从事加工复出口业务，在海关核定的单位耗料量内，在加

工过程中产生的、无法再用于加工该合同项下出口制成品的数量合理的废、碎料及下脚料。

残次品，是指加工贸易企业从事加工复出口业务，在生产过程中产生的有严重缺陷或者达不到出口合同标准，无法复出口的制品（包括完成品和未完成品）。

副产品，是指加工贸易企业从事加工复出口业务，在加工生产出口合同规定的制成品（即主产品）过程中同时产生的，并且出口合同未规定应当复出口的一个或者一个以上的其他产品。

受灾保税货物，是指加工贸易企业在从事加工出口业务中，由于不可抗力原因或者其他经海关审核认可的正当理由造成灭失、短少、损毁等无法复出口的保税进口料件和制品。

5. 加工贸易货物内销

加工贸易货物内销是指经营企业申请将加工贸易料件或加工过程中的成品、半成品、残次品、边角料、副产品及受灾保税货物转为国内销售，不再加工复出口的行为。

加工贸易货物因故转为内销的，海关对内销货物依法征收进口关税和进口环节税并加征缓税利息，内销货物属于国家对进口有限制性规定的，经营企业应向海关提交进口许可证件。

6. 加工贸易货物销毁处置

企业应提交申报销毁处置的说明、企业与具备资质的销毁处置单位签订的委托合同、"海关加工贸易货物销毁处置申报表（销毁处置后有收入）"或"海关加工贸易货物销毁处置申报表（销毁处置后无收入）"及销毁处置方案。申报销毁处置来料加工货物的，应同时提交货物所有人的销毁声明；申报销毁处置残次品的，应同时提交残次品单耗资料及根据单耗折算的残次品所耗用的原进口料件清单。

7. 加工贸易货物抵押

加工贸易货物抵押是指企业以加工贸易货物为抵押担保，向金融或非金融机构取得贷款的行为。

加工贸易货物范围包括加工贸易料件、成品、半成品、残次品、边角料、副产品。

🔍 案例分析

某印刷企业从事来料加工胶版纸业务，海关稽查盘库发现在执行的两本来料手册项下短少保税料件胶版纸2298千克。当事人解释企业生产过程中需要对纸张进行裁切，裁切产生的纸边公司当作废品自行处理了，但未记入公司财务账。经海关计核，当事人数量短少且无法提供正当理由的保税料件货物价值共计人民币2.95万元，漏缴税款人民币0.68万元。根据规定，决定对当事人处以罚款人民币0.21万元，责令当事人对短少的保税料件补缴税款人民币0.68万元。

思考： 海关作出处罚的依据是什么？

（四）电子化手册后期核销监管

核销，是指加工贸易经营企业在进口料件加工成品复出口，或者办理内销等海关手续后，向海关申请解除加工贸易手册监管，经海关审核属实且符合监管规定的，海关予以办理解除监管手续的行为。

1. 加工贸易报核

经营企业应自加工贸易手册项下最后一批成品出口后，或者加工贸易手册到期之日起30日内向海关报核。加工贸易合同因故提前终止的，经营企业应当自合同终止之日起30日内向海关报核。

企业通过金关二期加贸管理系统报核加工贸易进口料件、出口成品、单耗及剩余料件、边角料、残次品等相关数据信息。

2. 接受报核与海关处置

对企业申报资料和内容不符合规定或监管要求的，海关按规定予以退单。对企业报核数据与海关底账出现差异的，海关按规定要求企业查找原因，并提交解释说明材料。对经核定的剩余料件，海关按规定要求企业在核销期限内办结余料结转、内销征税、退运或放弃等手续。

3. 手册核销结案

报核手册经审核通过的，予以结案。企业已经办理担保手续的，海关按照规定解除担保。

4. 核销后事项处置

手册核销后，企业库存有剩余料件的，原则上不得进行结转，应当以"后续补税（9700）"监管方式办理料件补税手续，并重点人工审核许可证件、进口环节税率及缓税利息。对不能说明理由或涉嫌违规、走私的，应及时移交稽查或缉私部门进行处理。对由于特殊情况且能够说明正当理由的库存余料，经海关主管部门批准，允许以"其他（9900）"监管方式办理退运或余料结转手续。

四、加工贸易电子账册

（一）电子账册管理概述

加工贸易电子账册管理，是指海关以企业为管理单元并实施计算机联网，企业通过数据交换平台或其他计算机网络方式向海关报送能满足海关监管要求的物流、生产经营等数据，海关对数据进行核对、核算，并结合实物进行核查的一种监管模式。

电子账册，是指海关以企业为单元，为联网企业建立的电子底账。实施电子账册管理的联网企业原则上只设立一个电子账册。海关应当根据联网企业的生产情况和海关的监管需要确定核销周期，按照周期对电子账册管理联网企业进行核销管理。

（二）电子账册前期设立监管

联网监管企业向主管海关申请办理经营范围电子账册（简称IT账册）设立手续，审核通过后再办理便捷通关电子账册（简称E账册）设立手续。

1.IT账册的设立

企业向主管海关申请办理IT账册设立手续时，应提交以下单证：工商经营执照复印件、企业加工贸易进口料件及出口成品清单。

2.E账册的设立

企业通过金关二期加贸管理系统办理加工贸易账册设立（变更）。由企业根据自身管理实际，在满足海关规范申报和有关监管要求的前提下，自主向海关申报有关商品信息。

3. 进出口报关清单和报关单的生成、修改、撤销

企业从管理系统中导出料号级数据生成报关清单，按照加工贸易合同内容，参照报关单填制规范进行制单。

企业由报关清单填报完整的报关单内容后，使用E账册向海关正式申报。

不涉及报关清单的报关单内容可直接进行修改，涉及报关清单的报关单内容修改时必须先修改报关清单。

（三）电子账册中期监管

联网监管企业加工贸易料件串换、外发加工、深加工结转，加工贸易剩余料件、边角料、残次品、副产品、受灾保税货物处理，加工贸易货物销毁处置、内销集中纳税、抵押等，比照电子化手册管理的相关手续办理。

联网企业缴纳缓税利息的起始日期为内销料件或者制成品对应的电子账册最近一次核销之日。没有核销日期的，起始日期为内销料件或者制成品对应的电子账册首批料件进口之日。缴纳缓税利息的终止日期为海关签发税款缴款书之日。

（四）电子账册后期核销监管

联网监管企业加工贸易货物核销，是指加工贸易经营企业加工复出口或者办结内销等海关手续后，凭相关单证向海关申请解除监管，海关经审查、核查属实且符合有关法律、行政法规、规章的规定，予以办理解除监管手续的行为。

1. 电子账册核销原则性规定

电子账册实行阶段性核销，核销周期不超过1年。海关完成电子账册核销的时限为下一个核销日期前，但最长不得超过180天。企业原则上应当在海关确定的核销期结束之日起30日内完成报核。

2. 企业向海关报核

企业向金关二期加贸系统发送正式报核数据，并提交以下单证：

①电子账册核销周期内保税料件汇总表，保税成品汇总表（料号级数据可以附光盘），

盘点及差异处理情况申报表，边角料、副产品、残次品、受灾保税货物处理情况申报表，"进、出、存"金额统计表，电子账册核销平衡表（平衡表中理论结余为负时应随附说明）；

②盘点报告（在结合盘点核销的情况下）、企业自核说明；

③海关按规定需要收取的其他单证和材料。

3. 海关对正式报核数据的处置

①对企业报核数据有误的，予以退单，要求企业重新报核。

②料件短少（即理论结余数大于实际结余数）的，要求企业说明情况。如果补税报关单列入本次核销周期，以实际结余为准，人工调整本期结余数量；如果补税报关单列入下一核销周期，则以实际结余＋补税数量为准，人工调整本期结余数量。

③企业料件盈余（即理论结余数小于实际结余数）的，要求企业说明情况，并以实际结余为准，人工调整本期结余数量。

4. 核销结案

海关确认企业电子账册核销情况符合海关核销规定，单证齐全有效的，予以核销结案。

⚞ 技能训练

某企业为加工贸易企业，从事进料加工贸易，今年新签署了一票加工贸易的订单，并办理了手册。但是在进口料件后的加工过程中，发现该产品的生产所造成的损耗与手册备案时提交的信息不一致。请你就此笔报关业务提出适当的解决方案，详细说明相关操作步骤及相关单据。

五、其他以保税形式开展的业务

（一）保税维修

保税维修，即企业以保税方式将存在部件损坏、功能失效、质量缺陷等问题的货物或运输工具（以下统称"待维修货物"）从境外运入境内进行检测、维修后复运出境。保税维修与加工贸易都是以保税方式开展业务。

1. 验核评估

开展保税维修业务的企业应具备以下条件：海关认定的企业信用状况为一般信用及以上；企业具备开展该项业务所需的场所和设备，并对各类保税货物进行专门管理；具备符合海关监管要求的管理制度和计算机管理系统，实现对维修耗用等信息的全程跟踪，并按照海关要求进行申报；符合海关监管所需的其他条件。

2. 保税维修专用账（手）册监管

建立待维修货物、已维修货物、无法维修货物、维修用料件等信息的电子底账。维修用料件适用保税方式进口的，企业应实施以维修工单为基础的据实核销。保税维修专用账（手）册备案商品不纳入加工贸易禁止类商品目录管理。保税维修账（手）册核销周期按海关监管要求和企业生产实际确定。

3. 保税维修货物进出口申报

备案料件"货物品名（待修复）"、备案成品"货物品名（已修复）"和"货物品名（无法修复）"均按照"保税维修（1371）"监管方式申报。

4. 复运出境

开展保税维修业务的待维修货物、已维修货物、无法修复货物、维修过程中产生的边角料、替换下的旧件及坏件，原则上应全部复运出境。确实无法复运出境的，不得内销，企业应当按照加工贸易货物销毁处置相关规定进行处置。其中属于固体废物的，企业应当按照相关规定交由有资质的企业进行处置。

（二）国际服务外包

国际服务外包是指关境内设立的服务外包企业，在国家法律的允许范围内，承接由关境外客户外包的服务业务。它主要包括信息技术外包服务、业务流程外包服务和知识流程外包服务三大类。服务外包并非完全意义的加工贸易，但海关暂以加工贸易设备手册模式监管。

1. 服务外包的进口货物范围

海关对信用类别为一般信用及以上的服务外包企业从事国际服务外包业务的进口货物实施保税监管，国家不予减免税的商品除外。

纳入保税监管的国际服务外包业务进口货物是指服务外包企业履行国际服务外包合同，由国际服务外包业务境外发包方免费提供的进口设备。

2. 服务外包企业向主管海关办理备案

服务外包企业向主管海关办理备案须提交的材料包括服务外包企业的技术先进型服务企业资质证明、企业法人营业执照、与境外发包方签订的国际服务外包合同及合同所附的设备清单，以及海关需要的其他单证。

主管海关受理备案申请后，经审核符合要求的予以核发手册。海关暂用加工贸易设备手册（手册编号首位为D）模式管理。手册以合同为单元进行监管。手册有效期为1年，如需延期的，企业应在到期前30天内提出申请，海关审核后同意的，每次延期不超过1年，最长不能超过服务外包合同期限。

3. 外包进口货物管理

外包进口货物在外包业务的合同执行完毕后应退运出境。外包进口货物如销往国内或到期不退境外的，按规定办理进口征税手续，涉及许可证件管理的须提供许可证件。

服务外包企业不再具备技术先进型服务企业资质的，新手册不予备案，已备案手册不予延期，已备案未进口的货物不予保税进口。服务外包企业的信用等级降为失信企业的，手册不予延期，已备案未进口的货物不再予以保税进口，已进口的货物，海关征收全额风险担保金。

海关特殊监管区域内企业从境外进口用于外包业务的设备，海关按照现行特殊监管区域有关规定办理。

手册到期后，服务外包企业应在30天内向海关申请核销。

任务三　保税监管场所

任务清单

1. 了解保税监管场所的含义及三种形态；
2. 熟悉保税仓库、出口监管仓库和保税物流中心的功能和管理。

知识卡片

一、保税监管场所的概念

海关保税监管场所，是指经海关批准设立的，准予在保税状态下存储货物的仓库、场所。海关保税监管场所管理规则，是根据我国海关加入的《京都公约》专项附约"海关仓库"条款制定的，准许货物存放在特定仓库、场所期间予以免纳进口税费，其目的是最大限度实施贸易便利化。

海关保税监管场所是海关保税物流监管的基本形态之一，目前包括保税仓库、出口监管仓库和保税物流中心（A型、B型）三种形态。

二、保税仓库

保税仓库是指经海关批准设立的专门存放保税货物及其他未办结海关手续货物的仓库。

（一）保税仓库的功能

保税仓库具有保税仓储、转口、简单加工和流通性增值服务、物流配送等功能。下列货物，经海关批准可以存入保税仓库：加工贸易进口货物，转口货物，供应国际航行船舶和航空器的油料、物料和维修用零部件，供维修外国产品所进口寄售的零配件，外商暂存货物，未办结海关手续的一般贸易货物，经海关批准的其他未办结海关手续的货物。

（二）保税仓库货物管理

①保税仓库所存货物的储存期限为1年；需要延长储存期限的，应向主管海关申请

延期，经海关批准可以延长，无特殊情形，延长的期限最长不超过1年。特殊情况下，延期后货物存储期超过2年的，由直属海关审批。

保税仓库货物超出规定的存储期限未申请延期或海关不批准延期申请的，经营企业应当办理超期货物的复运出境、征税、销毁等手续。

②保税仓库货物可以进行分级分类、分拆分拣、分装、计量、组合包装、打膜、加刷唛码、刷贴标志、改换包装、拼装等辅助性简单作业。在保税仓库内从事上述作业必须事先向主管海关提出申请，经主管海关同意后方可进行。

③保税仓库所存货物是海关监管货物，未经海关批准并按规定办理有关手续，不得擅自出售、转让、抵押、质押、留置、移作他用或者进行其他处置。

④货物在仓库储存期间发生损毁或者灭失，除不可抗力原因外，保税仓库应当依法向海关缴纳损毁、灭失货物的税款，并承担相应的法律责任。

三、出口监管仓库

出口监管仓库指经海关批准设立，对已办结海关出口手续的货物进行存储、保税物流配送、提供流通性增值服务的仓库。

（一）出口监管仓库的功能

出口监管仓库具有保税存储、转口配送、简单加工和流通性增值服务等功能。

出口监管仓库不得存放国家禁止进出境货物、未经批准的国家限制进出境货物，以及海关规定不得存放的其他货物。

（二）出口监管仓库货物管理

①出口监管仓库所存货物存储期限为6个月，经主管海关同意可以延期，但延期不得超过6个月。货物存储期满前，仓库经营企业应当通知发货人或者其代理人办理货物的出境或者进口手续。

②存入出口监管仓库的货物不得进行实质性加工。经主管海关同意，可以在仓库内进行品质检验、分级分类、分拣分装、加刷唛码、刷贴标志、打膜、改换包装等流通性增值服务。

③出口监管仓库所存货物是海关监管货物，未经海关批准，不得擅自出售、转让、抵押、质押、留置、移作他用或者进行其他处置。

④货物在仓库储存期间发生损毁或者灭失，除不可抗力原因外，出口监管仓库应当依法向海关缴纳损毁、灭失货物的税款，并承担相应的法律责任。

四、保税物流中心

保税物流中心是指经海关批准，由我国境内一家企业法人经营，多家企业进入并从事保税仓储物流业务的海关集中监管场所。

保税物流中心有A型和B型两种，本任务中的保税物流中心特指保税物流中心（B型）。

（一）保税物流中心的功能

保税物流中心被赋予了进口保税政策、出口退税政策及灵活的外汇政策，拥有较为强大的政策功能。

1. 存放货物的范围

保税物流中心存放货物包括国内出口货物，转口货物和国际中转货物，外商暂存货物，加工贸易进出口货物，供应国际航行船舶和航空器的物料、维修用零部件，供维修外国产品所进口寄售的零配件，未办结海关手续的一般贸易进口货物，经海关批准的其他未办结海关手续的货物。

2. 开展业务的范围

保税物流中心业务范围包括可保税存储进出口货物及其他未办结海关手续的货物，对所存货物开展流通性简单加工和增值服务，全球采购和国际分拨、配送，转口贸易和国际中转业务，经海关批准的其他国际物流业务。

保税物流中心不得开展以下业务：商业零售；生产和加工制造；维修、翻新和拆解；存储国家禁止进出口货物，以及危害公共安全、公共卫生或者健康、公共道德或者秩序的国家限制进出口货物；存储法律、行政法规明确规定不能享受保税政策的货物；其他与保税物流中心无关的业务。

（二）保税物流中心的相关政策

1. 税收政策

保税物流中心内企业进口自用的办公用品，交通、运输工具，生活消费用品等，以及企业在物流中心内开展综合物流服务所需的进口机器、装卸设备、管理设备等，按照现行进口货物的有关规定和税收政策办理相关手续。

境内保税物流中心外货物进入保税物流中心视同出口，享受出口退税政策，并在进入保税物流中心环节退税，如需缴纳出口关税的，应当按照规定纳税。

境内保税物流中心外进入保税物流中心内供物流企业使用的国产机器、装卸设备、管理设备、检验检测设备、包装物料等，可以享受出口退税政策，在进入保税物流中心环节给予退税。

保税物流中心内企业之间，以及与其他海关特殊监管区域、场所之间的货物交易、流转，免征流通环节增值税、消费税；在保税物流中心内进行简单加工的产品，免征增值税；保税物流中心内保税货物内销，以货物的销售价格为基础，按货物出保税物流中心时的状态征收关税和进口环节税。

2. 贸易管制政策

保税物流中心与境外之间的进出货物，除国家禁止进出口的和实施出口被动配额管理的外，不实行配额、许可证管理；保税物流中心与境内（除海关特殊监管区域、保税监管场所）之间的进出货物，视同进出口，涉及配额、许可证管理的，需提交相应的许可证件。

（三）保税物流中心的海关监管

1. 保税物流中心管理要求

保税物流中心内企业应当按照海关批准的存储货物范围和商品种类开展保税物流业务。保税物流中心经营企业不得在本保税物流中心内直接从事保税仓储物流的经营活动。保税物流中心不得转租、转借他人经营，不得下设分中心。

海关采取联网监管、视频监控、实物查验、实地核查等方式对进出保税物流中心的货物、物品、运输工具等实施动态监管。

2. 保税物流中心货物管理

①保税物流中心内货物保税存储期限为2年，确有正当理由的，经主管海关同意可以予以延期，除特殊情况外，延期不得超过1年。

②企业根据需要，经主管海关批准，可以分批进出货物，月度集中报关，但集中报关不得跨年度办理。实行集中申报的进出口货物，应当适用每次货物进出口时海关接受申报之日实施的税率、汇率。

③未经海关批准，保税物流中心不得擅自将所存货物抵押、质押、留置、移作他用或者进行其他处置。保税物流中心内的货物可以在中心内企业之间进行转让、转移，但必须办理相关海关手续。

④保税仓储货物在存储期间发生损毁或者灭失的，除不可抗力外，保税物流中心经营企业应当依法向海关缴纳损毁、灭失货物的税款，并承担相应的法律责任。

任务四　综合保税区和自贸试验区

任务清单

1. 掌握综合保税区的含义、功能和管理；

2. 熟悉自贸试验区的含义和制度。

📋 知识卡片

一、综合保税区

海关特殊监管区域包括保税区、出口加工区、保税物流园区、保税港区、综合保税区，以及珠澳跨境工业区珠海园区、中哈霍尔果斯国际边境合作中心中方配套区等。根据相关政策，除保税区外，其他海关特殊监管区域将统一整合优化为综合保税区。

（一）综合保税区概述

综合保税区是指经国务院批准，具有口岸、物流、加工等功能的海关特殊监管区域。综合保税区可以开展下列业务：存储进出口货物和其他未办结海关手续的货物；国际转口贸易；国际采购、分销和配送；国际中转；检测和售后服务维修；商品展示；研发、加工、制造；港口作业；经海关批准的其他业务。

（二）综合保税区管理

综合保税区实行封闭式管理。综合保税区与中华人民共和国关境内的其他地区之间设置符合海关监管要求的卡口、围网、视频监控系统及海关监管所需的其他设施。

综合保税区享受的税收和外汇管理政策为：境外货物入区保税；货物出区进入境内销售按货物进口的有关规定办理报关手续，并按货物实际状态征税；区外货物入区视同出口，实行退税。

综合保税区内不得居住人员；除保障综合保税区内人员正常工作、生活需要的非营利性设施外，综合保税区内不得建立商业性生活消费设施和开展商业零售业务；国家禁止进出口的货物、物品不得进出综合保税区；区内企业的生产经营活动应当符合国家产业发展要求，不得开展高耗能、高污染和资源性产品及列入《加工贸易禁止类商品目录》商品的加工贸易业务。

区内企业设立电子账册，电子账册的备案、核销等作业按有关规定执行，海关对综合保税区内加工贸易货物不实行单耗标准管理。

区内企业应当自开展业务之日起，定期向海关报送货物的进区、出区和储存情况。

（三）综合保税区货物的进出

1. 综合保税区与境外之间进出货物

海关对综合保税区与境外之间进出的货物实行备案制管理，对从境外进入综合保税区的货物予以保税。货物的收发货人或者代理人应当如实填写进出境货物备案清单，向海关备案。

从综合保税区运往境外的货物免征出口关税。

综合保税区与境外之间进出的货物，除法律、行政法规另有规定的外，不实行进出口配额、许可证件管理。

2. 综合保税区与区外非特殊监管区域或场所之间进出货物

综合保税区与区外之间进出的货物，区内企业或者区外收发货人按照进出口货物的有关规定向综合保税区主管海关办理申报手续。需要征税的，区内企业或者区外收发货人按照货物进出区时的实际状态缴纳税款；属于配额、许可证件管理商品的，区内企业或者区外收货人还应当向海关出具配额、许可证件。海关对有关许可证件电子数据进行系统自动比对验核。对于同一配额、许可证件项下的货物，海关在进境环节已经验核配额、许可证件的，在出区环节不再要求企业出具配额、许可证件原件。

3. 综合保税区与其他海关特殊监管区域或者保税监管场所之间往来的货物

海关对于综合保税区与其他海关特殊监管区域或者保税监管场所之间往来的货物，实行保税监管。但货物从未实行国内货物入区（仓）环节出口退税制度的海关特殊监管区域或者保税监管场所转入综合保税区的，视同货物实际离境。

综合保税区与其他海关特殊监管区域或者保税监管场所之间的流转货物，不征收进出口环节的有关税收。

💡 知识拓展

综合保税区仓库优惠政策

一、保税政策

保税政策主要包括两个方面：一是从境外入区的货物，暂缓缴纳进口关税及进口环节税，企业可以根据货物流向再决定是否征税进口；二是区内、区间流转环节，对综合保税区与其他综合保税区等海关特殊监管区域、保税监管场所之间往来的货物及综合保税区内企业间往来的货物予以保税。

二、免税政策

免税政策包括三个方面，主要是境外入区环节，除另有规定外，对下列货物免予征收进口关税和进口环节税：区内生产性基础设施建设项目所需的机器、设备和建设生产厂房、仓储设施所需的基建物资；区内企业开展业务所需的机器、设备、模具机器维修用零配件；综合保税区行政管理机构和区内企业自用合理数量的办公用品。

三、退税政策

境内区外以出口报关方式进入综保区的货物，按照国家有关规定办理出口退税。

四、保税一日游

保税一日游业务是出口复进口业务的俗称，是利用保税物流园区的"入区退税"政策，以"先出口，再进口"的方式，解决加工贸易深加工结转手续复杂、深加工增值部分不予退税等问题。运用保税区"境内关外"的特殊功能，即货物出口到保税区视同离境，可办理退税。企业只需再从保税区将货物进口即可完成进出口程序，这样一来可大大节省运输费用和时间。

二、自贸试验区

（一）自贸试验区概述

世界海关组织国际海关理事会签订的《京都公约》定义，自由贸易区（free trade zone，FTZ）是缔约方境内的一部分，进入这部分的任何货物，就进口关税而言，通常视为关境之外。自由贸易区是单个国家（地区）的行为，对境外入区货物实施免税或保税，而不是降低关税，如德国汉堡自由港、巴拿马科隆自由贸易区等。自由贸易区的作用体现为：一是商品集散中心，扩大出口贸易和转口贸易；二是国际投资中心，引进国外资金、先进技术与管理经验；三是国际物流中心。

中国自贸试验区，是指我国自主在境内设立的特殊经济区域，主要目的是以制度创新为核心，以可复制可推广为基本要求，在加快政府职能转变、探索体制机制创新、促进投资贸易便利化等方面先行先试，为全面深化改革和扩大开放探索新途径、积累新经验。

（二）自贸试验区的定位与特征

国家主动开放局部区域门户作为对接窗口，实施自由投资和自由贸易，并将规则标准映射到整个制造业和服务业。

1. 发展定位

发展定位为制度创新，经验可复制可推广；监管高效，示范服务；简政放权，放管结合；政府职能转变，体制机制创新；贸易投资便利化，营造市场化、法治化、国际化营商环境，以及开放型经济的"试验田"。

海关小课堂

2. 制度特征

构建以贸易便利化为重点的贸易监管制度，以负面清单为核心的投资管理制度，以资本项目可兑换和金融服务业开放为目标的金融创新制度，以政府职能转变为核心的事中事后监管制度等。

（三）自贸试验区制度复制推广

1. "先进区、后报关"

"先进区、后报关"是指在海关特殊监管区域境外入区环节，允许经海关注册登记的区内企业凭进境货物的舱单等信息先向海关简要申报，并办理口岸提货和货物进区手续，再在规定时限内向海关办理进境货物正式申报手续，海关依托"海关特殊监管区域信息化辅助管理系统"，通过风险分析进行有效监管的一种作业模式。

适用于经审核批准的海关特殊监管区域内一般信用及以上企业。

2. 区内自行运输

区内自行运输是指经海关注册登记的海关特殊监管区域内企业，可以使用非海关监管车辆，在不同海关特殊监管区域、保税物流中心之间自行运输货物的作业模式。

适用于经审核批准的海关特殊监管区域内一般信用及以上企业。

3. 保税展示交易

保税展示交易是指经海关注册登记的海关特殊监管区域内企业将保税货物办理担保手续后运至区域外进行展示和销售的经营活动。

货物在出区展示期间发生内销的，区内企业应当在规定日期内向主管海关集中办理进口征税手续，集中申报不得跨年度办理，主管海关征税放行后，辅助系统自动退还区内企业的担保额度。

4. 境内外维修

境内外维修是指企业以保税方式将存在部件损坏、功能失效、质量缺陷等问题的货物（以下简称待维修货物）从境外运入区域内进行检测、维修后复运出境；企业将待维修货物从境内（区域外）运入区域内进行检测、维修后复运回境内（区域外）。

5. 批次进出、集中申报

批次进出、集中申报是指允许海关特殊监管区域内企业与境内区外企业分批次进出货物的，可以先凭核放单办理货物的实际进出区手续，再在规定期限内以备案清单或者报关单集中办理报关手续，海关依托辅助系统进行监管的一种通关模式。

6. 简化无纸通关随附单证

简化无纸通关随附单证是指对一线进出境备案清单及二线进出区报关单取消部分随附单证，简化进出区通关手续。

对海关特殊监管区域和境外之间进出境备案清单的随附单证，如合同、发票、提单、装箱清单等，企业在申报时可不向海关提交，海关审核时如需要再提交。企业应当指定专人负责报关单（备案清单）随附单证的归档、保管、接待查阅和安全防范工作，确保单证的真实性、完整性和安全性。

💡 知识拓展

"头雁"引领　自贸试验区迎来新机遇

10多年来，全国各自贸试验区大胆试、大胆闯、自主改，以"雁阵"齐飞的姿态，引领带动全国深化改革开放。

在浙江，过去7年，聚焦油气全产业链累计形成了61项制度创新成果，同时，浙江将油气全产业链领域开放发展的经验和案例向铁矿石、铜精矿等关键矿产品、粮食及优质蛋白等品类进行复制推广，拓展铁矿石加工产业链，推动有色金属加工产业发展，提升粮食精深加工水平。

在陕西，作为全国唯一的农业特色鲜明的自贸片区，杨凌自贸片区在农业领域对外开放方面不断探索，特别是在种质资源跨境流通、药用植物进出境管理等领域进行了深入研究，为产业发展奠定了基础。目前，已累计形成70多项系统集成性较好的创新案例，其中7项案例在全国复制推广。

在福建，福州自贸片区自成立以来，已累计推出20批共计288项创新举措，其中国家级首创举措110项，多项经验在全国范围内复制推广，为优化营商环境奠定了坚实基础。

自贸试验区率先实施"边试点、边总结、边推广"的改革推进模式，截至目前，国家层面总结提炼了7批改革试点经验、5批最佳实践案例，共向全国复制推广349项自贸试验区制度创新成果，充分发挥了改革开放"试验田"作用。

［资料来源：冯其予.自贸试验区建设硕果累累[N].经济日报，2024-07-11（9）.］

项目实训

浙江A进口公司与瑞典某公司达成了一项战略合作协议。A公司计划进口80台大型空气净化设备到中国。然而由于公司其他项目投资失败，A公司面临资金周转不足，无法完成进口空气净化设备所需的税款支付，如果此时终止合同又将面临赔偿，A公司陷入两难之境。

请你对这笔报关业务提出适当的解决方案，说明相关操作步骤及核心单据。

项目测试

一、单选题

1.海关特殊监管区域内的加工贸易企业，（　　　）。

A.按照申报的单耗进行核销　　　　　　B.按照单耗标准的最高上限值核销

C.按照单耗标准的最低下限值核销　　　D.不适用单耗标准管理

2.保税仓库的设立由（　　　）审批。

A.国务院　　　　　B.海关总署　　　　C.直属海关　　　　D.隶属海关

3.保税仓库与境外之间的进出境货物，消费使用单位/生产销售单位填报（　　　）。

A.申报单位名称　　　　　　　　　　　B.保税仓库名称

C.保税仓库经营企业名称　　　　　　　D.无须填写

4.加工贸易企业进口不作价设备（模具），期限为3个月，进口应采用（　　　）监管方式申报。

    A.暂时进出货物　　　B.加工贸易设备　　　C.不作价设备　　　D.其他贸易

  5.保税加工货物电子化手册设立包括（　　）两个步骤。

    A.备案资料库设立、通关手册设立　　　B.商品归类、商品归并

    C.商品归并、单耗申报　　　D.出口成品申报、进口料件申报

  6.某加工贸易企业从美国进口线路板2000个，由前本手册转入1000个，深加工结转转入1000个，成品总耗用3000个，退运出境500个，内销400个，剩余料件数量为（　　）个。

    A. 100　　　　　　B. 1100　　　　　　C. 1900　　　　　　D. 1000

  7.某企业已办理加工贸易手册，料件进口后发现申报内容与事实不符，海关责令企业将货物作（　　）处理。

    A. 退运出境　　　B. 内销　　　　　C. 余料结转　　　　D. 销毁

  8.下列关于深加工结转申报的表述错误的是（　　）。

    A.一份申报表对应一个转出企业和一个转入企业

    B.一份申报表对应转出企业一本手册

    C.一份申报表只能对应转入企业一本手册

    D.申报表均不得超过对应转出转入手册的有效期

二、多选题

  1.保税出口业务中，保税核注清单商品项归并为报关单同一商品项的，需遵循的原则有（　　）。

    A.10位商品编码相同　　　　　　B.申报计量单位相同

    C.申报币制相同　　　　　　　　D.货物原产国相同

  2.（　　），海关不予办理加工贸易电子化手册设立手续。

    A.加工产品属于国家禁止在我国境内加工生产的

    B.进口料件属于国家禁止进口的

    C.出口成品属于许可证管理的

    D.手册到期未报核，重新申报设立手册的

  3.可以内销的保税货物范围有（　　）。

    A.海关特殊监管区域内的研发、检测和展示货物

    B.来料加工残次品

    C.深加工结转货物

    D.海关特殊监管区域内的加工贸易料件

4.以下（　　）属于自由贸易区。

A.中国—东盟自由贸易区

B.中日韩自由贸易区

C.中国（海南）自由贸易试验区

D.中国（上海）自由贸易试验区

5.综合保税区内可以开展（　　）业务。

A.国际转口贸易 　　　　　　　　　B.保税展示交易

C.港口作业 　　　　　　　　　　　D.文物展示

三、判断题

1.综合保税区与境内其他区域之间进出消耗臭氧层物质，无须提交进出口许可证。（　　）

2.海关特殊监管区域内的加工贸易企业无须向海关进行单耗备案。（　　）

3.海关核发的加工贸易手册、海关特殊监管区域和保税监管场所保税账册、征免税证明或其他备案审批文件的编号应填报在报关单"备案号"栏。（　　）

4.加工贸易不作价设备超过海关监管年限的，即自动解除海关监管，主管海关无须核发解除监管证明。（　　）

5.单耗包括净耗和工艺损耗，指加工贸易企业在正常加工条件下加工单位成品所耗用的料件量。（　　）

✎ 项目测试

进出境货物海关监管

知识目标

▲ 了解进出境货物海关监管制度；

▲ 理解"一次申报、分步处置"和"两步申报"通关作业流程；

▲ 了解一般进出口货物的特征；

▲ 了解法定减免税、特定减免税和临时减免税；

▲ 理解 ATA 单证册的海关管理；

▲ 了解其他进出口货物海关监管。

能力目标

▲ 掌握通关准入、通关作业流程、后续监管等通关作业程序；

▲ 能够区分一般进出口货物和一般贸易货物；

▲ 掌握减免税货物通关作业程序；

▲ 掌握 ATA 单证册项下和非 ATA 单证册项下暂时进出境货物通关作业程序；

▲ 掌握无代价抵偿货物、进出境修理物品、退运货物、退关货物等其他进出口货物通关作业。

素养目标

▲ 熟悉不同监管模式的通关要求；

▲ 树立责任意识和风险意识；

▲ 具备严谨的逻辑思维能力。

▶ 项目背景

某外资企业生产的成品符合国家鼓励类项目要求（可享受进出口税收优惠政策），该企业顺利办理了鼓励项目的备案。目前该项目有一台检测设备要从国外进口（商品编码9031809090），供企业加工生产用。

外资企业委托浙江正丽代理报关有限公司办理这笔业务，经理请小温全程跟踪并操作。

任务一　通关作业程序

任务清单

1. 掌握"一次申报"和"两步申报"通关作业流程；
2. 了解后续监管的内容。

知识卡片

一、通关准入

通关准入是指企业应该在货物进出境前事先办理相关进出境业务的备案核准与单证准备等事项。重点内容包括进口货物（含过境货物）的检疫准入、检疫审批、境外预检、境外装运前检验，以及出口货物的检疫审批等需在申报前根据规定办理相关手续，取得相应的进出口批准文件及证明文件。对企业有资质要求的，应该进行相应的注册登记和备案。对进出口货物有监管证件要求的，企业应在申报前根据相关规定办理进出口所需的监管证件。

二、通关流程

（一）"一次申报、分步处置"通关作业流程

1. 舱单安全准入风险处置

舱单传输人（进出境运输工具负责人、无船承运业务经营人、货运代理企业、船舶代理企业、邮政企业及快件经营人等舱单电子数据传输义务人）按照规定向海关传输舱单及相关电子数据，海关舱单管理系统对舱单实施逻辑检控和审核，对不符合舱单填制规范的退回舱单传输人予以修改，对通过逻辑检控和审核的海关进行风险甄别。

海关对舱单货物进行安全准入审查、处置后，进出口货物收发货人可正常向海关申报报关数据。

2. 企业报关报税

（1）进出口货物申报

当事人按海关要求填制报关单，将报关单数据通过申报系统进行录入，并以电子数据形式随附必要的报关单据，形成正式申报的电子数据报关单。已在海关办理汇总征税总担保备案的企业，可在自主申报时选择"汇总征税"模式，录入总担保备案编号，一份报关单对应一个总担保备案编号。

（2）"自报自缴"作业

"自报自缴"是指进出口企业、单位自主向海关申报报关单及随附单证、税费电子数

据，并自行缴纳税费的行为。企业在中国电子口岸录入端选择通关作业无纸化方式向海关录入申报数据、上传随附单证进行申报。

3.电子审核

系统对报关单及随附单证电子数据进行规范性、逻辑性审核，对舱单、许可证件、电子备案信息等进行审核，对于符合条件的，海关接受申报，向企业发送接受申报回执；对于不符合条件的，系统自动退单，发送退单回执，企业需重新办理有关申报手续。

4.企业缴税

对应税报关单，企业收到海关接受申报回执后，办理税款相关手续：选择缴纳税款的，自行向银行缴纳；预先向海关提供税款担保并备案的，可以选择提供担保，海关按照规定办理担保核扣手续，系统自动扣减与应缴税款等额的担保额度；若余额不足，系统自动退单。

5.报关单风险甄别与处置

对海关已接受申报的报关单，风险防控部门根据预先加载的风险判别规则、风险参数，运用系统进行风险甄别。对需要进行报关单修改、撤销、退补税、联系企业补充提交税款担保等事务性辅助操作，以及办理许可证人工核扣等必要手续的，系统将其转入申报地海关。申报地海关按照作业指令要求，下达修撤单、退补税、稽（核）查等指令。

6.查验作业

（1）现场查验

现场查验是指在口岸内实施的外勤查验作业，包括：单货、货证核对；卫生检疫、动植物检疫、商品检验；抽样送检；现场即决式鉴定（含现场实验室初筛鉴定）；H986过机检查；现场技术整改，合格评定、拟证。

（2）配合海关查验

海关查验货物时，进出口货物当事人应当到场配合查验，负责按照海关要求搬移货物，开拆包装，以及重新封装货物；预先了解和熟悉所申报货物的情况，如实回答查验人员的询问以及提供必要的资料；海关取样时，在"海关进出口货物化验取样记录单"上签字确认，并协助海关提取货样，收取海关出具的取样清单；查验结束后，认真阅读查验人员填写的"海关货物查验记录单"，并对开箱的具体情况、货物残损情况及造成残损的原因等情况、查验结论签名确认；当事人经批准提取货样后，在海关开具的取样记录和取样清单上签字确认。

7.货物提离与放行

进口货物准予提离后，由企业自行运输和存放，凭海关放行通知准予销售或使用。其中属于下列情形的，需办结海关相关手续方可放行：

①有海关目的地检查要求的，海关已完成检查；

②属于监管证件管理的，海关已核销相关监管证件；

③需进行合格评定的，海关已完成合格评定程序。

（二）"两步申报"通关作业流程

1. 第一步：概要申报

基本流程：进口货物概要申报—风险甄别和排查处置—监管证件比对—通关现场作业—允许货物提离。

（1）进口货物概要申报

企业向海关申报进口货物是否属于禁限管制、是否依法需要检验或检疫（是否属《法检目录》内商品及法律法规规定需检验或检疫的商品）、是否需要缴纳税款。

不属于禁限管制且不属于依法需检验或检疫的，申报9个项目，并确认涉及物流的2个项目，应税的须选择符合要求的担保备案编号；属于禁限管制的需增加申报2个项目；依法需检验或检疫的需增加申报5个项目。

（2）风险甄别和排查处置

海关对安全准入风险进行甄别，下达货物查验指令并由现场海关实施查验，或下达单证作业指令并由现场海关实施单证作业。被重大税收风险参数命中的报关单，由税收征管局进行税收风险排查处置。

（3）监管证件比对

涉及监管证件且实现联网核查的，系统自动进行电子数据比对。

（4）通关现场作业

现场单证作业。申报地海关根据指令要求进行单证作业，进行人工审核；无单证作业指令的，系统自动审核。

货物查验与处置。口岸海关按照指令要求对货物进行查验。完成查验且无异常的，人工审核通过；查验异常的按异常处置流程处置。

（5）允许货物提离

对审核通过的报关单，允许货物提离。

2. 第二步：完整申报

基本流程：进口货物完整申报—风险排查处置—监管证件比对—计征税费—通关现场作业—报关单放行。

（1）进口货物完整申报

完整申报是针对概要申报报关单的补充申报。企业自运输工具申报进境之日起14日内完成完整申报，向接受概要申报的海关补充申报报关单完整信息及随附单证电子数据。系统对完整申报信息进行规范性、逻辑性检查，不符合条件的，系统自动退单；符合条件的，海关接受完整申报。

（2）风险排查处置

对完整申报的报关单，税收征管局、风险防控部门开展税收等风险甄别和排查处置，下达单证验核指令或稽（核）查指令。

（3）监管证件比对

涉及监管证件且实现联网核查的，系统自动进行电子数据比对核查、核扣。

（4）计征税费

企业利用预录入系统的海关计税（费）服务工具计算应缴纳的相关税费，并对系统显示的税费计算结果进行确认，在收到海关通关系统发送的回执后，自行办理相关税费缴纳手续。

（5）通关现场作业

申报地海关验估岗根据税收征管局指令进行单证验核，留存有关单证、图像等资料，进行人工审核；申报地海关综合业务岗根据指令要求进行单证作业，进行人工审核；无单证审核要求的，系统自动审核。

（6）报关单放行

对系统自动审核通过或经人工审核通过的完整申报报关单，系统自动完成放行。

💡 **知识拓展**

"两步申报"介绍

在"两步申报"通关模式下，企业不需要一次性填报所有申报项目，可分为概要申报和完整申报两步进行分别申报。

一、概要申报

对于不涉及进口禁限管制、检验或检疫的货物，企业只需申报9个项目，确认2个物流项目；对于涉及进口禁限管制、检验或检疫的，分别增加申报2个和5个项目，应税的须选择符合要求的担保备案编号。如果货物无须查验，即可提离；涉税货物已经提交税款担保的，或需查验货物海关已完成查验的，也可以提离。

二、完整申报

企业在规定时间内补充申报其他项目，办理缴纳税款等通关手续。

三、"两步申报"的便利

"两步申报"主要有以下便利：

①提货速度更快，减少货物在码头的滞留时间，压缩了进口成本。

②有更充裕的时间准备报关资料，减少申报差错。

③企业可自行选择"两步申报"或现有模式，提升适应度和选择上的灵活自主性。

④提供多元化的通关服务，有效降低企业在货物口岸通关中的经济和时间成本，进一步简化流程，提高通关效率。

三、后续监管

一般进出口货物通关中的后续监管是指进出口货物单证放行或现场放行后，根据海关规定，对进出口货物及其进口企业、出口企业在规定期限内的持续检查、监管。

（一）稽（核）查作业

进出口货物放行或报关单放行后，风险防控部门对经甄别需通过稽（核）查指令予以处置的事项，下达稽（核）查指令。税收征管局根据职责对放行后报关单实施研判处置。

属地海关稽（核）查部门根据税收征管局、风险防控部门稽（核）查指令开展作业。

（二）隔离检疫

隔离检疫是指将海关放行的进境动植物限定在指定的隔离场圃内，不少于限定的时间饲养或种植，在饲养或种植期间进行检疫、观察、检测和处理的强制性措施。

（三）指定生产加工存放场所检疫监督

根据产品风险等级程度，海关对风险较高的进境动植物产品，实施指定生产、加工、存放企业(场所）管理。海关对相关企业(场所）按程序考核合格后予以注册登记或备案。

（四）检疫追踪

对进境种用大中动物、动物遗传物质、种子种苗等的流向实施检疫追踪制度。

（五）销售记录制度

进口食品的进口商应当建立食品进口和销售记录制度，主管海关应当对本辖区内进口商的进口和销售记录进行检查。

（六）溯源管理制度

建立生产、出口、消费全链条的农产品、食品质量安全追溯体系。

（七）召回制度

进口存在安全隐患的、可能或者已经对人体健康和生命安全造成损害的食品、化妆品、汽车、玩具、3C认证的民用商品的收货人应当主动召回，并立即向所在地海关报告。收货人应当向社会公布有关信息，通知销售者停止销售，告知消费者停止使用，做好召回记录。收货人不主动召回的，主管海关可以责令其召回。必要时，由海关总署责令其召回。

（八）风险预警

对境内外发生食品安全事件或者疫病疫情可能影响到进出口食品安全的，或者在进出口食品中发现严重食品安全问题的，海关总署应当及时进行风险预警。

任务二　一般进出口货物海关监管

任务清单

1.了解一般进出口货物海关监管的特征和范围;

2.掌握一般进出口货物通关流程。

知识卡片

一、一般进出口货物概述

(一)含义

一般进出口货物是指按照海关一般进出口监管制度管理的进出口货物,包括一般进口货物和一般出口货物。

(二)特征

1.进出境时缴纳进出口税费

一般进出口货物的当事人应当在货物进出境时向海关申报,并按规定缴纳税费。

2.进出口时提交相关的许可证件

货物进出口时,受国家法律、行政法规管制并需要申领进出口许可证件的,进出口货物当事人应当向海关提交相关的进出口许可证件。

3.进出口货物海关放行即办结海关手续

一般进口货物在报关单位办结所有必要的海关进口通关手续,完全履行了法律规定的与进口有关的义务后,可以直接进入生产和消费领域流通。一般出口货物在报关单位完全履行了法律规定的与出口有关的义务后可以运出境。

(三)范围

实际进出口的货物,除特定减免税货物外,都属于一般进出口货物的范围,主要有以下几类:一般贸易进口货物;一般贸易出口货物;转为实际进口的保税货物、暂时进境货物,转为实际出口的暂时出境货物;易货贸易、补偿贸易进出口货物;不批准保税的寄售代销贸易货物;承包工程项目实际进出口货物;外国驻华商业机构进出口陈列用的样品;外国旅游者小批量订货出口的商品;随展览品进境的小卖品;免费提供的进口货物,例如外商在经济贸易活动中赠送的进口货物,外商在经济贸易活动中免费提供的试车材料等,我国在境外的企业、机构向国内单位赠送的进口货物。

二、一般进出口货物通关管理

具体内容参考前一任务通关作业程序部分。

任务三　减免税货物海关监管

任务清单

1.理解减免税货物含义及特点；

2.掌握减免税货物海关监管规定。

知识卡片

一、减免税管理概述

进出口税收减免是指海关按照国家政策，《海关法》和其他有关法律、行政法规的规定，对进出口货物的关税和进口环节海关代征税给予减征或免征。进出口税收减免可分为三大类，即法定减免税、特定减免税和临时减免税。

海关小课堂

（一）法定减免税

法定减免税是指按照《海关法》、《中华人民共和国关税法》（以下简称《关税法》）和其他法律、行政法规的规定，进出口货物可以享受的减免关税优惠。海关对法定减免税货物一般不进行后续管理。

下列进出口货物、进出境物品，减征或者免征关税：

①关税税额在人民币50元以下的一票货物；

②无商业价值的广告品和货样；

③外国政府、国际组织无偿赠送的物资；

④在海关放行前遭受损坏或者损失的货物；

⑤进出境运输工具装载的途中必需的燃料、物料和饮食用品；

⑥中华人民共和国缔结或者参加的国际条约规定减征、免征关税的货物和物品；

⑦法律规定减征、免征关税的其他货物、物品。

进口环节增值税或消费税税额在人民币50元以下的一票货物也应免征。

（二）特定减免税

特定减免税货物，是指特定地区、特定企业和特定用途的进出口货物。所谓“特定地区”是指我国关境内，由国家规定的某一特别限定区域。享受减免税的货物只能在这一专门规定的区域内使用。“特定企业”是指国家专门规定的企业，享受减免税优惠的货物只能由这些规定的企业使用。“特定用途”是指货物用于国家规定的用途，如残疾人康复用的训练设备等。

（三）临时减免税

临时减免税是指法定减免税和特定减免税以外的其他减免税，具有集权性、临时性、局限性和特殊性。《海关法》授权国务院根据具体情况决定是否给予减免税，国务院根据某个单位、某类商品、某个时期或某批货物的特殊情况和需要，给予特别的临时性减免税优惠，如汶川地震灾后重建进口物资，规定自2008年7月1日起，对受灾地区企业、单位，或支援受灾地区重建的企业、单位，进口国内不能满足供应并直接用于灾后重建的大宗物资、设备等，3年内免征进口关税和进口环节增值税。

💡 知识拓展

海关减免税最新政策红利

2024年，海关总署出台了优化海关税收服务助力外贸质升量稳一系列措施，其中就有海关减免税内容。

1.我们公司货物是空运到达，因为工厂货期急直接征税进口，后期能补办减免税手续吗？

新政出台前：很遗憾，除有关进出口税收优惠政策或者其实施措施另有规定外，进出口货物征税放行后，减免税申请人申请补办减免税审核确认手续的，海关不予受理。

新政出台后：对于符合有关进口税收优惠政策规定的货物，由于紧急进口等原因而缴税进口的，自缴纳税款之日起1年内，减免税申请人可向海关申请补办减免税审核确认和相关税款退还手续。

2.我们去年减免税进口的集成电路零部件已安装在国内采购的设备中，现在整台设备计划转让给其他公司使用，需要向海关办理提前解除监管手续吗？

新政出台前：上述进口减免税货物的监管年限为3年，在海关监管年限内，依法接受海关监管。如需提前解除监管，应当向主管海关提出申请，并办理补缴税款手续。

新政出台后：对于符合享受集成电路、新型显示器件进口税收优惠政策的企业，免税进口的自用生产性（含研发用）原材料和消耗品，自用于生产（研发）之日起，自动解除监管；如果是符合科技创新进口优惠税收政策的高校、科研机构等，免税进口的实验、研究用材料，自用于科研、科技开发和教学活动之日起，自动解除监管。

二、减免税申请

按照我国海关规定，法定减免税一般无须申请，进口时直接予以减免税收。特定减免税及临时减免税货物必须经符合资格的申请人向主管地海关申请才可享受减免税。进出口货物减免税申请人，是指根据有关进出口税收优惠政策和相关法律、行政法规的规定，可以享受进出口税收优惠，并依照规定向海关申请办理减免税相关业务的具有独立法人资格的企事业单位、社会团体、民办非企业单位、基金会、国家机关。

三、减免税申请与审核确认

减免税申请人按照有关进出口税收优惠政策的规定申请减免税进出口相关货物，应当在货物申报进出口前，取得相关政策规定的享受进出口税收优惠政策资格的证明材料，并凭"进出口货物征免税申请表"、事业单位法人证书或者国家机关设立文件、社会团体法人登记证书、民办非企业单位法人登记证书、基金会法人登记证书等证明材料，进出口合同、发票及相关货物的产品情况资料等，向主管海关申请办理减免税审核确认手续。除有关进出口税收优惠政策或者其实施措施另有规定外，进出口货物征税放行后，减免税申请人申请补办减免税审核确认手续的，海关不予受理。

主管海关应当自受理减免税审核确认申请之日起10个工作日内，对减免税申请人主体资格、投资项目和进出口货物相关情况是否符合有关进出口税收优惠政策规定等情况进行审核，并出具进出口货物征税、减税或者免税的确认意见，制发"征免税证明"。

四、减免税货物通关

进口货物申报时，进口单位应按规定将"征免税证明"编号填写在进口货物报关单"备案号"栏目中。对有下列情形之一的，减免税申请人可以向海关申请办理有关货物凭税款担保先予放行手续：有关进出口税收优惠政策或者其实施措施明确规定的；主管海关已经受理减免税审核确认申请，尚未办理完毕的；有关进出口税收优惠政策已经国务院批准，具体实施措施尚未明确，主管海关能够确认减免税申请人属于享受该政策范围的；其他经海关总署核准的情形。

减免税申请人需要办理税款担保手续的，应当在货物申报进口前向主管海关提出申请，并按照有关税收优惠政策的规定向海关提交相关材料。国家对进出口货物有限制性规定，应当提供许可证件而不能提供的，以及法律、行政法规规定不得担保的其他情形，进出口地海关不予办理减免税货物凭税款担保放行手续。减免税申请人在减免税货物税款担保期限届满前取得"征免税证明"，并已向海关办理征税、减税或者免税相关手续的，申报地海关应当解除税款担保。

五、减免税进口货物的后续管理

除海关总署另有规定外，进口减免税海关监管年限为船舶、飞机8年，机动车辆6年，其他货物3年。监管年限自货物进口放行之日起计算。

在海关监管年限内，减免税申请人应当于每年6月30日（含当日）以前向主管海关提交"减免税货物使用状况报告书"，报告减免税货物使用状况。超过规定期限未提交的，海关按照有关规定将其列入信用信息异常名录。在海关监管年限内，减免税货物应当在主管海关审核同意的地点使用。除有关进口税收优惠政策实施措施另有规定外，减免税货物需要变更使用地点的，减免税申请人应当向主管海关提出申请，并说明理由；经主管海关审核同意的，可以变更使用地点。

对海关监管年限内的减免税货物，减免税申请人要求提前解除监管的，应当向主管海关提出申请，并办理补缴税款手续。进口时免予提交许可证件的减免税货物，按照国家有关规定需要补办许可证件的，减免税申请人在办理补缴税款手续时还应当补交有关许可证件。有关减免税货物自办结上述手续之日起，解除海关监管。减免税货物海关监管年限届满的，自动解除监管。

在海关监管年限内及其后3年内，海关依照《海关法》《海关稽查条例》等有关法律法规规定，对有关企业、单位进口和使用减免税货物情况实施稽查。

🔍 案例分析

某外商投资饮料生产企业，报主管商务部门审批后，取得的"国家鼓励发展的内外资项目确认书"中的"项目产业政策审批条目"核定为"果蔬饮料的开发、加工"，此后该企业以特定减免税方式进口了价值近400万美元的灌装生产设备。

但上述设备投产后，由于果蔬类饮料国内市场销路不畅，该企业在未经海关批准的情况下，将灌装设备用于生产瓶装纯净水。后海关稽查部门在对该企业特定减免税设备使用情况的核查过程中发现了上述问题，遂对其立案调查。

思考： 该企业违反了什么规定？有什么后果？

任务四　暂时进出境货物海关监管

📋 任务清单

1.了解暂时进出境货物的含义和范围；

2.熟悉暂时进出境货物监管；

3.掌握ATA单证册的海关管理。

📇 知识卡片

一、暂时进出境货物概述

（一）含义

暂时进出境货物是指经海关批准，暂时进出关境并且在规定的期限内复运出境、进境的货物。

（二）范围

①在展览会、交易会及类似活动中展示或者使用的货物；

②文化、体育交流活动中使用的表演、比赛用品；

③进行新闻报道或者摄制电影、电视节目使用的仪器、设备及用品；

④开展科研、教学、医疗活动使用的仪器、设备和用品；

⑤在前述第 1～4 项所列活动中使用的交通工具及特种车辆；

⑥货样；

⑦慈善活动使用的仪器、设备及用品；

⑧专业设备，供安装、调试、检测、修理设备时使用的仪器及工具；

⑨盛装货物的包装材料；

⑩旅游用自驾交通工具及其用品；

⑪工程施工中使用的设备、仪器及用品；

⑫测试用产品、设备、车辆；

⑬海关总署批准的其他暂时进出境货物。

使用 ATA 单证册暂时进境的货物限于我国加入的有关货物暂准进口的国际公约中规定的货物。

■ 海关小课堂

二、暂时进出境货物监管

（一）性质确认

ATA 单证册持证人、非 ATA 单证册项下暂时进出境货物收发货人可以在申报前向主管地海关提交"暂时进出境货物确认申请书"，申请对有关货物是否属于暂时进出境货物进行审核确认，并办理相关手续，也可以在申报环节直接向主管地海关办理暂时进出境货物的有关手续。

除另有规定外，暂时进出境货物免予交验许可证件。

（二）担保

ATA 单证册项下暂时出境货物，由中国国际贸易促进委员会（中国国际商会）向海关总署提供总担保。除另有规定外，非 ATA 单证册项下暂时进出境货物收发货人应当按照有关规定向主管地海关提供担保。

（三）复运出境或者复运进境

暂时进出境货物应当在进出境之日起 6 个月内复运出境或者复运进境因特殊情况需要延长期限的，持证人、收发货人应当向主管地海关办理延期手续，当事人申请延期最多不超过 3 次，每次延期不超过 6 个月。延期届满应当复运出境、复运进境或者办理进出口手续。国家重点工程、国家科研项目使用的暂时进出境货物，以及参加展期在 24 个月以上展览会的展览品，延期届满后仍需要延期的，由主管地直属海关批准。

货物复运出境、复运进境后，当事人应当向主管地海关办理结案手续。从境外暂时进境的货物（ATA单证册项下暂时进境货物除外）转入海关特殊监管区域（场所）的，主管海关凭出口报关单对暂时进境货物予以核销结案。

暂时进出境货物需要进出口的，当事人应当在货物复运出境、复运进境期限届满前向主管地海关办理进出口手续。

（四）受损、灭失的处置

暂时进出境货物因不可抗力受损，无法原状复运出境、复运进境的，应当及时向主管地海关报告，可凭有关部门出具的证明材料办理复运出境、复运进境手续；因不可抗力灭失的，经主管地海关核实后可以视为该货物已经复运出境、复运进境。

暂时进出境货物因不可抗力以外其他因素受损或者灭失的，当事人应按货物进出口有关规定办理手续。

三、暂时进出境展览品监管

（一）范围

展览品具体包括展览会展示的货物，为了示范展览会展出机器或者器具所使用的货物，设置临时展台的建筑材料及装饰材料，宣传展示货物的电影片、幻灯片、录像带、录音带、说明书、广告、光盘、显示器材等，其他用于展览会展示的货物。

（二）备案

境内展览会的办展人及出境举办或者参加展览会的办展人、参展人（以下简称办展人、参展人）可以在展览品进境或者出境前向主管地海关报告，并且提交展览品清单和展览会证明材料，也可以在展览品进境或者出境时，向主管地海关提交上述材料，办理有关手续。

对于申请海关派员监管的境内展览会，办展人、参展人应当在展览品进境前向主管地海关提交有关材料，办理海关手续。

（三）担保

海关派员进驻展览场所的，经主管地海关同意，展览会办展人可以就参展的展览品免予向海关提交担保。未向海关提供担保的进境展览品在非展出期间应当存放在海关监管作业场所。特殊原因需要移出的，应当经主管地海关同意，并且提供相应担保。

四、ATA单证册的海关管理

（一）概述

ATA单证册，即暂准进口货物单证册，是指由世界海关组织通过的《关于货物暂准进口的ATA单证册海关公约》（简称《ATA公约》）和《货物暂准进口公约》（简称《伊斯坦布尔公约》）中规定的用于替代各缔约方海关暂准进出境货物报关单和税费担保的国际性通关文件，为国际贸易中暂时进出境货物的通关提供便利。

（二）适用范围、出证及管理机构

在我国，暂时进口货物ATA单证册适用于我国加入的有关货物暂准进口的国际公约中规定的货物，目前仅限于展览会、交易会、会议及类似活动项下的暂时进境货物，以及暂时进境的专业设备、商业样品，进境ATA单证册由出口国（地区）指定机构签发；暂时出口货物ATA单证册适用于进口国（地区）加入的有关货物暂准进口的国际公约中规定的货物，出境ATA单证册由中国国际商会签发，见图5-1。

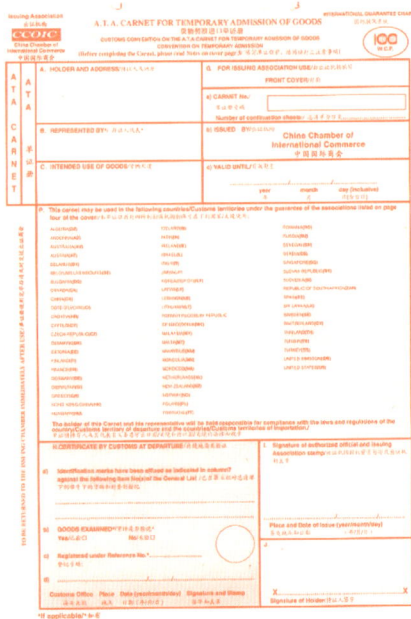

图5-1 中国国际商会签发的ATA单证册

（三）续展期

ATA单证册项下暂时进出境货物的进出境期限与单证册有效期一致。在境内外停留期限超过ATA单证册有效期的，ATA单证册持证人应当向原出证机构续签ATA单证册，持证人、收发货人凭以向主管地海关办理暂时进出境货物延期手续。

任务五　其他进出口货物海关监管

任务清单

1.了解无代价抵偿货物、进出境修理货物、进口溢卸误卸货物、退运货物、超期未报关货物和过境转运通运货物的含义及管理；

2.熟悉市场采购货物、进出境快件和跨境贸易电子商务的含义及管理；

3.掌握上述货物的海关监管要求。

知识卡片

一、市场采购

（一）含义及范围

市场采购贸易方式，是指在经认定的市场集聚区采购商品，由符合条件的经营者办理出口通关手续的贸易方式。市场采购海关监管方式代码为"1039"，全称"市场采购"。

市场采购贸易方式单票报关单的货值最高限额为15万美元。

（二）管理规定

从事市场采购贸易的对外贸易经营者，应当向市场集聚区所在地商务主管部门办理市场采购贸易经营者备案登记，并按照海关相关规定在海关办理进出口货物收发货人备案。

对外贸易经营者对其代理出口商品的真实性、合法性承担责任。经市场采购商品认定体系确认的商品信息应当通过市场综合管理系统与海关实现数据联网共享。对市场综合管理系统确认的商品，海关按照市场采购贸易方式实施监管。

（三）海关监管

1.申报方式

每票报关单所对应的商品清单所列品种在5种以上的可以按以下方式实行简化申报：

①货值最大的前5种商品，按货值从高到低在出口报关单上逐项申报；

②其余商品以《中华人民共和国进出口税则》（以下简称《税则》）中"章"为单位进行归并，每"章"按价值最大商品的税号作归并后的税号，货值、数量等也相应归并。

有下列情形之一的商品不适用简化申报：

①需征收出口关税的；

②实施检验检疫的；

③海关另有规定不适用简化申报的。

2. 申报地点

市场采购贸易出口商品应当在采购地海关申报，对于转关运输的市场采购贸易出口商品，由出境地海关负责转关运输的途中监管。

3. 检验检疫

需在采购地实施检验检疫的市场采购贸易出口商品，其对外贸易经营者应建立合格供方、商品质量检查验收、商品溯源等管理制度，提供经营场所、仓储场所等相关信息，并在出口申报前向采购地海关提出检验检疫申请。

对外贸易经营者应履行产品质量主体责任，对出口市场在生产、加工、存放过程等方面有监管或官方证书要求的农产品、食品、化妆品，应符合相关法律法规规定或双边协议要求。

采购地海关是指市场集聚区所在地的主管海关。市场集聚区是指经国家商务主管等部门认定的各类从事专业经营的商品城、专业市场和专业街。

二、无代价抵偿货物

（一）概述

1. 含义

无代价抵偿货物是指进出口货物在海关放行后，因残损、短少、品质不良或者规格不符，由进出口货物当事人、承运人或者保险公司免费补偿或者更换的与原货物相同或者与合同规定相符的货物。

当事人申报进出口的无代价抵偿货物，与退运出境或者退运进境的原货物不完全相同或者与合同规定不完全相符的，经当事人说明理由，海关审核认为理由合理且税则号列未发生改变的，仍属于无代价抵偿货物范围。

当事人申报进出口的免费补偿或者更换的货物，其税则号列与原进出口货物的税则号列不一致的，不属于无代价抵偿货物范围，属于一般进出口货物范围。

2. 特征

无代价抵偿货物海关监管的基本特征如下：

①进出口无代价抵偿货物，免予交验进出口许可证件。

②进口无代价抵偿货物，不征收进口税费；出口无代价抵偿货物，不征收出口关税。但是，进出口与原货物或合同规定不完全相符的无代价抵偿货物，应当按规定计算与原进出口货物的税款差额，高出原征收税款数额的应当征收超出部分的税款；低于原征收税款，原进出口货物的发货人、承运人或者保险公司同时补偿货款的，应当退还补偿货款部分的税款，未补偿货款的，不予退还。

（二）程序

1. 办理因残损、品质不良或规格不符被更换的原进出口货物的手续

进出口前，应当先办理被更换的原进出口货物中残损、品质不良或规格不符货物的有关海关手续：

①被更换的原进口货物退运出境时不征收出口关税，被更换的原出口货物退运进境时不征收进口税费。

②原进口货物不退运出境，放弃并交由海关处理的，海关依法处置，当事人凭有关证明材料申报进口无代价抵偿货物。

③被更换的原进口货物中残损、品质不良或规格不符货物不退运出境且不放弃并交由海关处理的，原进口货物的收货人应当按照海关接受无代价抵偿货物申报进口之日适用的有关规定申报进口，并按照海关对原进口货物重新估定的价格计算的税额缴纳进口关税和进口环节海关代征税，属于许可证件管理的商品还应当交验相应的许可证件。被更换的原出口货物中残损、品质不良或规格不符的货物不退运进境，原出口货物的发货人应当按照海关接受无代价抵偿货物申报出口之日适用的有关规定申报出口，并按照海关对原出口货物重新估定的价格计算的税额缴纳出口关税，属于许可证件管理的商品还应当交验相应的许可证件。

2. 时间

向海关申报进出口无代价抵偿货物应当在原进出口合同规定的索赔期内，而且不超过原货物进出口之日起3年。

3. 报关应当提供的特殊单证

进口申报需要提交的特殊单证：原进口货物报关单；原进口货物退运出境报关单，或者原进口货物的放弃销毁处置证明，或已办理纳税手续的单证（短少抵偿的除外）；原进口货物税款缴纳书或者进出口货物"征免税证明"；买卖双方签订的索赔协议。海关认为需要时，当事人还应提交合法有效的原进口货物检验、理赔证明文件等。

出口申报需要提交的特殊单证：原出口货物报关单；原出口货物退运进境报关单，或已办理纳税手续的单证（短少抵偿的除外）；原出口货物税款缴纳书；买卖双方签订的索赔协议。海关认为需要时，当事人还应提交合法有效的原出口货物检验、理赔证明文件等。

三、进出境修理货物

（一）概述

进出境修理货物，是指进境或出境进行维护修理后，复运出境或复运进境的机械器具、运输工具或者其他货物，以及为维修这些货物需要进口、出口的原材料、零部件。

原进口货物出境修理包括原进口货物在保修期内运出境修理和原进口货物在保修期外运出境修理。

（二）程序

1. 进境修理货物

当事人持维修合同或含有保修条款的原出口合同办理进口申报手续，并提供进口税款担保，接受海关后续监管。

办理进境修理货物所需原材料、零部件申报时，当事人应向海关提交维修合同或含有保修条款的原出口合同、进境修理货物报关单(与进境修理货物同时申报进口的除外)，并向海关提供进口税款担保或申请海关按保税货物监管。进口原材料、零部件只限用于进境修理货物，修理剩余的原材料、零部件应复运出境。

货物进境后在境内维修的期限为进境之日起6个月，延长期限不超过6个月。

办理进境修理货物及剩余原材料、零部件复运出境手续时，应向海关提交原进口报关单和维修合同（或者含有保修条款的原出口合同）等单证。海关凭复运出境报关单办理解除货物监管和税款担保、保税监管手续。

2. 出境修理货物

货物出境时，当事人向海关提交维修合同或含有保修条款的原进口合同，办理出境申报手续。境外维修期限为出境之日起6个月，延长期限不超过6个月。

出境修理货物进境时，在保修期内并由境外免费维修的，可以免征进口税费；在保修期外或在保修期内境外收取维修费用的，应按境外修理费和材料费审定完税价格计征进口税费。

超过海关规定期限复运进境的，海关按一般进口货物计征进口关税和进口环节海关代征税。修理货物进出境时，免予交验许可证件。

技能训练

一批出口新西兰的数控母线折弯机零部件出现问题，新西兰技术人员无法处理，因此需要将整批零部件运回国内生产企业进行维修。根据双方的协议，维修费用将免除。请你就此笔报关业务提出适当的解决方案，详细说明相关操作步骤以及使用到的核心单据。

四、进口溢卸、误卸货物

（一）概述

进口溢卸、误卸货物是指未列入进口载货清单、运单向海关申报进境的溢卸或者误卸的进境货物。

经海关核实的溢卸货物和误卸货物，由当事人自运输工具卸货之日起3个月内，向海关办理直接退运出境手续，或由当事人自运输工具卸货之日起3个月内，向海关办理退运或者申报进口手续。

经当事人申请和海关批准，可以延期3个月办理退运出境或者申报进口手续。超出上述规定的期限，未向海关办理退运或者申报进口手续的，由海关依法提取、变卖处理。

溢卸、误卸货物属于危险品或鲜活、易腐、易烂、易失效、易变质、易贬值等不宜长期保存货物的，海关可提前提取依法变卖处理，变卖所得价款按有关规定处理。

（二）程序

溢卸、误卸货物报关程序的适用，根据对该货物的处置决定。

1. 退运境外

属于溢卸或误卸货物，能够提供发货人或者承运人书面证明文书的，当事人可以向海关办理直接退运手续。

2. 溢短相补

当事人要求将溢卸货物抵补短卸货物的，应与短卸货物原收货人协商同意，并限于同一运输工具、同一品种的货物。非同一运输工具或同一运输工具非同一航次之间抵补的，只限于同一运输公司、同一发货人、同一品种的进口货物。

上述两种情况应由短卸货物原当事人按照无代价抵偿货物的报关程序办理进口手续。

3. 物归"原主"

运往境外港口、车站的误卸货物，当事人要求运往境外时，海关经核实后，按转运货物办理手续，转运至境外。

运往境内其他港口、车站的误卸货物，可由当事人就地向海关办理进口手续，也可经进境地海关同意办理转关运输手续。

4. 就地进口

溢卸货物由原收货人接收的，按一般进口货物办理进口手续，并提供相关溢卸货物证明，如属于许可证件管理商品应提供有关监管证件。

5. 境内转售

原收货人不接收溢卸、误卸货物或不办理相关退运手续的，可由境内购货单位向海关办理相应进口手续。

五、退运货物

退运货物是指原进出口货物由于残损、短少、品质不良或者规格不符、延误交货或其他原因退运出、进境的货物。退运货物包括一般退运货物和直接退运货物。

（一）一般退运货物

一般退运货物是指已办理申报手续且海关已放行，各种原因造成退运进口或退运出口的货物。

1. 一般退运进口货物的海关手续

（1）报关

原出口货物已收汇。退运进境时，当事人应交验原出口货物报关单，海关凭税务部门出具的"出口商品退运已补税证明"和保险公司证明或承运人溢装、漏卸的证明等有关资料，办理退运进口手续。

原出口货物未收汇。退运进境时，当事人应交验原出口货物报关单、税务部门出具的"出口货物未退税证明"等证明，向海关申报退运进口。

（2）税收

由于品质或者规格原因，出口货物自出口之日起 1 年内原状退货复运进境的，经海关核实后不予征收进口税费；原出口时已经征收出口关税的，只要重新缴纳原出口退税，自缴纳出口税款之日起 1 年内准予退还。

2. 一般退运出口货物的海关手续

（1）报关

因故退运出口的进口货物，当事人应交验原货物进口货物报关单、保险公司证明或承运人溢装、漏卸的证明等有关资料，经海关核实无误后，验放有关货物出境。

（2）税收

由于品质或者规格原因，进口货物自进口之日起 1 年内原状退货复运出境的，经海关核实后可以免征出口税费；已征收的进口关税和进口环节海关代征税，自缴纳进口税款之日起 1 年内准予退还。

（二）直接退运货物

直接退运货物是指货物进境后、办结海关放行手续前，当事人将全部或部分货物直接退运境外，以及海关根据国家有关规定责令直接退运的货物。

对直接退运货物，海关不验核进口许可证或其他监管证件，免予征收进口税费及滞报金。

进口转关货物在进境地海关放行后，当事人申请办理退运手续的，不属于直接退运货物，应当按照一般退运货物办理退运手续。

1. 直接退运申报规定

当事人申请直接退运的，由当事人向海关申报并提交相关材料。当事人收到系统回执后，办理直接退运手续。

海关责令直接退运的，当事人收到"海关责令进口货物直接退运通知书"之日起 30 日内，按照海关要求办理直接退运手续。

2. 直接退运申报程序

当事人办理进口货物直接退运手续时，除另有规定外，应当先行申报出口报关单，然后凭进口报关单办理直接退运申报手续，进口报关单应在"关联报关单"栏填报出口报关单号。

3. 直接退运报关单填制

进口货物直接退运的，"监管方式"栏均填写"直接退运"（代码"4500"），"备注"栏填写"进口货物直接退运表"或者"海关责令直接退运通知书"编号。

4. 直接退运口岸

进口货物直接退运应当从原进境口岸退运出境。因故需要改变运输方式或由另一口岸退运出境的，应当经由原进境地海关审核同意后，以转关运输方式监管出境。

技能训练

某企业在口岸以一般贸易方式向柬埔寨订购了2800件服装。在收到货物后经查验，发现其中有80件的质量未达到要求。通过协商，双方决定将不良品退回柬埔寨，并要求柬埔寨重新发运80件合格的产品。请你就此笔报关业务提出适当的解决方案，详细说明相关操作步骤以及使用到的核心单据。

六、超期未报关货物

（一）含义

超期未报关货物是指在规定的期限内未办结海关手续的海关监管货物。其包括自运输工具申报进境之日起，超过3个月未向海关申报的进口货物，超过规定期限3个月未复运出境或者办理其他海关手续的保税货物、暂时进境货物和未运输出境的过境、转运和通运货物，在海关批准的延长期满仍未办结海关手续的溢卸货物、误卸货物。

（二）处置

变卖所得价款，在优先拨付变卖处理实际支出的费用后，按序扣除运输、装卸、储存等相关费用和税款、滞报金，所得价款不足以支付同一顺序相关费用的，按照比例支付。

按照规定扣除相关费用和税款后尚有余款的，当事人按海关规定补办进口手续的，可以予以发还。如被变卖货物属进口许可证件管理范围，当事人未交验相关监管证件的，不予发还。

七、过境、转运、通运货物

（一）过境货物

1. 含义

过境货物是指从境外启运，在我国境内不论是否换装运输工具，通过陆路运输，继续运往境外的货物。

与我国签有过境货物协定的国家的过境货物，或与我国签有铁路联运协定的国家收、发货的过境货物，按有关协定准予过境；未与我国签有过境货物协定国家的货物，经国家商务、交通运输主管部门批准，并向入境地海关备案后准予过境。

2. 管理规定

海关对过境货物进行监管，目的是防止过境货物在我国境内运输过程中滞留在国内，或将我国货物混入过境货物随运出境，同时防止禁止类货物从我国过境。

装载过境货物的运输工具，应当具有海关认可的加封条件或装置，海关认为必要时可对过境货物及装载装置进行加封，任何人不得擅自开启或损毁；运输部门和过境货物经营人应当按海关规定提供担保。

3. 进出境报关

过境货物进境时，当事人应办理过境货物申报手续。进境地海关审核无误后在提运单上加盖"海关监管货物"戳记，并制作关封连同提运单交由当事人交出境地海关验核。

过境货物出境时，当事人应及时向出境地海关申报，出境地海关审核确认后监管货物出境。

（二）转运货物

1. 含义

转运货物是指由境外启运，通过我国境内设立海关的地点换装运输工具，不通过境内陆路运输，继续运往境外的货物。

2. 管理规定

海关对转运货物进行监管，目的在于防止货物在口岸换装过程中误进口或混装出口。转运货物承运人应确保其原状、如数运往境外。

（1）申报进境及存放

载有转运货物的运输工具进境后，承运人应当在进口载货清单上列明转运货物的名称、数量、启运地和到达地，并向海关申报进境，在海关指定的地点换装运输工具。外国转运货物在中国口岸存放期间，不得开拆、改换包装或进行加工。

（2）转运出境

转运货物必须在3个月之内办理海关有关手续并转运出境，超出规定期限3个月仍未转运出境或办理其他海关手续的，海关将提取依法变卖处理。

（三）通运货物

1. 含义

通运货物是指从境外启运，不通过我国境内陆路运输，运进境后由原运输工具载运出境的货物。

2. 管理规定

运输工具进境时，当事人应凭注明通运货物名称和数量的船舶进口报告书或国际民用航空器进口载货舱单向进境地海关申报；进境地海关在运输工具抵、离境时对申报的货物予以核查，并监管货物实际离境。

运输工具因装卸货物需搬运或倒装货物时，应向海关申请并在海关监管下进行。

八、进出境快件

（一）含义

进出境快件是指进出境快件运营人，以向客户承诺的快速商业运作方式承揽、承运的进出境的货物、物品。

进出境专差快件是指运营人以专差押运方式承运进出境的空运快件。

进出境快件运营人是指在我国境内依法注册，在海关登记备案的从事进出境快件运营业务的国际货物运输代理企业。

（二）分类

文件类进出境快件（简称A类快件），指无商业价值的文件、单证、票据和资料（依照法律、行政法规，以及国家有关规定应当予以征税的除外）。

个人物品类进出境快件（简称B类快件），指境内收寄件人（自然人）收取或者交寄的个人自用物品（旅客分离运输行李物品除外）。

低值货物类进出境快件（简称C类快件），指价值在5000元人民币（不包括运、保、杂费等）及以下的货物（涉及许可证件管制的，需办理出口退税、收汇或者进口付汇的除外）。

（三）申报期限

进出境快件通关应在经海关批准的专门监管场所进行。进境快件应当自运输工具申报进境之日起14日内，出境快件在运输工具离境3小时之前，向海关申报。

报关单位向海关传输或递交进出境快件舱单或清单，海关确认无误后接受申报。申报及随附单证，整合为报关单、总分运单、身份证影印件、合同、发票和海关监管需要的其他单证、材料，以及海关根据归类、查验、估价、化验等需要收取的单证资料。其中报关单需填报"生产日期／批号"等申报字段。

（四）报关

根据海关总署"两类通关"改革要求，将C类快件纳入一体化通关管理，推动实施统一申报，税收征管，物流、查验管理；推动实施A类快件、B类快件通关整合，统一申报规范，统一风险管控和税收管控。

快件运营人按照上述规定提交复印件（影印件）的，海关可要求提供原件验核。

通过快件渠道进出境的其他货物、物品，按照海关的规定办理海关手续。

（五）海关查验

A 类快件、B 类快件有检疫要求的，在现场进行相关检疫处置；C 类快件有检验检疫监管要求的，按普通货物的监管要求实施监管。海关对进出境快件中的个人物品实施开拆查验时，当事人应该到场。海关认为必要时，可对进出境快件径行开验、复验或者提取货样。

（六）处置

查验作业完成后需要进一步检疫处理、隔离检疫、技术整改、指定场所存放加工监管、合格评定、拟证、销毁、退运，以及移送法规、缉私、地方公安等部门的，按相关规定进行处理。

九、跨境贸易电子商务

（一）概述

跨境电子商务是指分属不同关境的交易主体，通过电子商务平台达成交易、进行支付结算，并通过跨境物流送达商品、完成交易的一种国际商业活动。

1. 进口商品清单与限额管理

正面清单管理。对于跨境电子商务零售进口商品，需在财政部、海关总署、税务总局等部门联合发布的《跨境电子商务零售进口商品清单》所列范围之内，海关根据正面清单旁注及尾注规定进行监管。

限额管理。跨境电子商务零售进口商品的单次交易限值为人民币 5000 元，年度交易限值为人民币 26000 元，海关以订购人身份证号为单元进行限额管理。

2. 海关监管模式分类

跨境电子商务企业、消费者（订购人）通过跨境电子商务交易平台实现零售进出口商品交易，根据海关要求传输相关交易电子数据，接受海关监管。

跨境电子商务进出口主要有网购保税进口、直购进口、一般出口、特殊区域出口等四种模式。

（1）网购保税进口模式

符合条件的电子商务企业或平台与海关联网，电子商务企业将整批商品运入海关特殊监管区域或保税物流中心（B 型）内并向海关申报，海关实施账册管理，境内个人网购区内商品后，电子商务企业或平台将电子订单、支付凭证、电子运单等传输给海关，电子商务企业或代理人向海关提交清单，海关按照跨境电子商务零售进口商品征收税款，验放后账册自动核销。

（2）直购进口模式

符合条件的电子商务企业或平台与海关联网，境内个人跨境网购后，电子商务企业将电子订单、支付凭证、电子运单等传输给海关，电子商务企业或代理人向海关提交清单，商品以邮件、快件方式运送，通过海关邮件、快件监管场所入境，海关按照跨境电子商务零售进口商品征收税款。

（3）一般出口模式

适用于小包裹、快递方式出口，单票金额低，手续相对简单。符合条件的电子商务企业或平台与海关联网，境外个人跨境网购后，电子商务企业通过快递公司将货物直接邮寄给海外消费者。跨境电子商务综合试验区海关采用"简化申报、清单核放、汇总统计"方式通关，其他海关采用"清单核放、汇总申报"方式通关。

（4）特殊区域出口模式

符合条件的电子商务企业或平台与海关联网，电子商务企业把整批商品按一般贸易报关进入海关特殊监管区域，企业实现退税。对于已入区退税商品，境外个人网购后，海关凭清单核放，出区离境后，海关定期将已放行清单归并形成出口报关单，电商凭此办理结汇手续。

跨境电子商务企业对企业出口（以下简称跨境电商B2B出口）是指境内企业通过跨境物流将货物运送至境外企业或海外仓，并通过跨境电商平台完成交易的贸易形式。境内企业通过跨境电子商务平台与境外企业达成交易后，通过跨境物流将货物直接出口送达境外企业（监管方式代码"9710"），或境内企业将出口货物通过跨境物流送达海外仓，通过跨境电子商务平台实现交易后从海外仓送达购买者（监管方式代码"9810"），并根据海关要求传输相关电子数据的，接受海关监管。

（二）企业管理

1. 注册登记（信息登记）

跨境电子商务企业、跨境电子商务平台企业、物流企业等参与跨境电子商务零售出口业务的企业，向所在地海关办理信息登记；如需办理报关业务，向所在地海关办理注册登记。开展出口海外仓业务的跨境电子商务企业，还应当在海关开展出口海外仓业务模式备案。

2. 参与业务的企业名称

跨境电子商务企业，指自境外向境内消费者销售跨境电子商务零售进口商品的境外注册企业（不包括在海关特殊监管区域或保税物流中心内注册的企业），或者自境内向境外消费者销售跨境电子商务零售出口商品的企业，为商品的货权所有人。

跨境电子商务企业境内代理人，指开展跨境电子商务零售进口业务的境外注册企业所委托的境内代理企业，由其在海关办理注册登记，承担如实申报责任，依法接受相关部门监管，并承担民事责任。

跨境电子商务平台企业，指在境内办理工商登记，为交易双方（消费者和跨境电子商务企业）提供网页空间、虚拟经营场所、交易规则、信息发布等服务，设立供交易双方独立开展交易活动的信息网络系统的经营者。

支付企业，指在境内办理工商登记，接受跨境电子商务平台企业或跨境电子商务企业境内代理人委托为其提供跨境电子商务零售进口支付服务的银行、非银行支付机构及银联等。

物流企业，指在境内办理工商登记，接受跨境电子商务平台企业、跨境电子商务企业或其代理人委托为其提供跨境电子商务零售进出口物流服务的企业。

消费者（订购人），指跨境电子商务零售进口商品的境内购买人。

（三）通关监管

跨境电子商务零售商品进口时，跨境电子商务平台企业或跨境电子商务企业境内代理人、支付企业、物流企业应当分别通过国际贸易"单一窗口"或"互联网＋海关"向海关传输交易、支付、物流等电子信息，并对数据真实性承担相应责任。跨境电子商务企业境内代理人或其委托的报关企业应提交"中华人民共和国海关跨境电子商务零售进出口商品申报清单"（以下简称"申报清单"）采取"清单核放"方式办理报关手续。

跨境电子商务零售商品出口时，跨境电子商务企业或其代理人、物流企业应当分别通过国际贸易"单一窗口"或"互联网＋海关"向海关传输交易、收款、物流等电子信息，并对数据真实性承担相应法律责任。跨境电子商务企业或其代理人应提交"申报清单"，采取"清单核放、汇总申报"方式办理报关手续；跨境电子商务综合试验区内符合条件的跨境电子商务零售商品出口，可采取"清单核放、汇总统计"方式办理报关手续。跨境电商 B2B 出口货物也可采用"跨境电商"模式进行转关。

（四）税收征管

对跨境电子商务零售进口商品，海关按照国家关于跨境电子商务零售进口税收政策征收关税和进口环节增值税、消费税，完税价格为实际交易价格，包括商品零售价格、运费和保险费。

跨境电子商务零售进口商品消费者（订购人）为纳税义务人。在海关注册登记的跨境电子商务平台企业、物流企业或申报企业作为税款的代收代缴义务人，代为履行纳税义务，并承担相应的补税义务及相关法律责任。

（五）退货管理

在跨境电子商务零售进口模式下，跨境电子商务企业境内代理人或其委托的报关企业（以下简称退货企业）可向海关申请开展退货业务。跨境电子商务企业及其境内代理人应保证退货商品为原跨境电子商务零售进口商品，并承担相关法律责任。退货企业可以对原"申报清单"内全部或部分商品申请退货。退货企业在"申报清单"放行之日起30日内申请退货，并且在"申报清单"放行之日起45日内将退货商品运抵原海关监管作业场所、原海关特殊监管区域或保税物流中心（B型）的，相应税款不予征收，并调整消费者个人年度交易累计金额。退货企业应当向海关如实申报，接受海关监管，并承担相应的法律责任。

退货企业应当向海关如实申报跨境电子商务进口、出口商品相关情况，接受海关监管，并承担相应的法律责任。

💡 **知识拓展**

跨境必看：常见的四种海关监管模式

9610模式，即"跨境贸易电子商务"，俗称"直邮出口"或"自发货"模式。该模式适用于境内个人或电商企业通过电商交易平台实现交易，并采用"清单核放、汇总申报"模式办理通关手续的电子商务零售进出口商品。适用于小包直邮模式的跨境电商企业出口，具有链路短、时效快、成本低、更灵活等特点。

9710模式，即"跨境电子商务企业对企业直接出口"，简称"跨境电商B2B直接出口"。该模式指境内企业通过跨境电商平台与境外企业达成交易后，通过跨境物流将货物直接出口送达境外企业，并向海关传输相关电子数据。适用于境内企业与境外企业之间的B2B跨境电商交易，常见于采用阿里巴巴国际站等交易方式的跨境电商出口企业。

9810模式，即"跨境电子商务出口海外仓"，简称"跨境电商出口海外仓"。该模式指境内企业将出口货物通过跨境物流送达海外仓，通过跨境电商平台实现交易后从海外仓送达购买者。适用于采用海外仓模式的跨境电商企业出口，常见于采用FBA模式（亚马逊物流服务）或其他类型海外仓出口的企业。

1210模式，即"保税跨境贸易电子商务"，简称"保税电商"。该模式适用于境内个人或电商企业在经海关认可的电商平台实现跨境交易，并通过海关特殊监管区域或保税监管场所进出的电子商务零售进出境商品。适用于电商零售进出口商品的国内个人或电商企业实现跨境交易，通过海关特殊监管区域或保税监管场所进行货物的存放和配送。

项目实训

A企业拟于1月8日出口一台激光治疗仪（1月8日为假定出口日期），参加国外即将举办的科技成果博览会，展览完毕后计划于5月10日复运进口。但由于订舱困难，不能保证按计划时间完成复运进口。

请你结合相关知识，给出该项业务的关务方案。

项目测试

一、单选题

1.在进出境报关过程中，对（   ）的担保不属于办理特定海关业务担保范围。

A.暂时进出境货物　　　　　　　　B.有归类争议的货物

C.进境修理物品　　　　　　　　　D.进口租赁货物

2.经海关批准暂缓办理纳税手续进境，在境内储存、加工、装配后复运出境或转为进口的货物，是（   ）。

A.特定减免税货物　　　　　　　　B.保税货物

C.通运货物　　　　　　　　　　　D.暂时进出货物

3.境外捐赠人向我国境内慈善机构捐赠的医疗物资，进口应采用（   ）监管方式申报。

A.一般贸易　　　　　　　　　　　B.援助物资

C.捐赠物资　　　　　　　　　　　D.其他进出口免费

4.某合资企业用"征免税证明"申报一批免税设备进口，目前还在监管期内，由于产品停产需将该批设备退出国外，应用（   ）监管方式申报出境。

A.退运货物　　　　B.加工设备退运　　　　C.直接退运　　　　D.其他贸易

5.关于法定减免税的正确描述是（   ）。

A.适用法定减免税需要办理海关审批手续

B.法定减免税的范围由《海关法》和《进出口关税条例》明确

C.法定减免税货物均应按"一般贸易"监管方式报关

D.海关对法定减免税货物和物品实行后续管理

6.某集成电路企业以减免税方式进口光刻机一台，其海关监管年限是（   ）年。

A. 3　　　　　　　B. 5　　　　　　　C. 6　　　　　　　D. 8

7.跨境电商零售进口业务类型适用的海关监管方式不包括（   ）。

A. 0110　　　　　　B. 9610　　　　　　C. 1210　　　　　　D. 1239

8.进口货物在运输工具申报进境之日起超过（   ）个月未向海关申报的，海关可依法提取变卖。

A. 1　　　　　　　B. 2　　　　　　　C. 3　　　　　　　D. 4

二、多选题

1.（   ）属于"两步申报"需同时满足的条件。

A.舱单已提前传输

B.涉及检验检疫的货物需确定商品6位编码

C.已办好税款担保备案（高级认证企业可以申请免除担保）

D.监管证件已经办理并且属于联网核查范围

2.适合采用"市场采购"监管方式出口，单票报关单货值10万美元的商品包括（　　）。

A.在检验检疫管理范围的　　　　　　　B.在出口许可管理范围的

C.涉及征收出口关税的　　　　　　　　D.在国家禁止出口商品范围的

3.出境修理货物按期复运进境时，（　　）应当计入完税价格。

A.原出境货物价格　　　　　　　　　　B.境外修理费

C.境外材料费　　　　　　　　　　　　D.复运进境的运输及相关费用和保险费

4.根据"两步申报"，下列报关单项目中，（　　）属于"概要申报"时应填制的项目。

A.境内收发货人　　　　　　　　　　　B.提运单号

C.监管方式　　　　　　　　　　　　　D.商品名称

5.关于企业主动披露制度，下列说法不正确的是（　　）。

A.主动披露是企业实行自我纠错的有效途径

B.对主动披露并补缴税款的进出口企业，海关应当减免滞纳金

C.对主动披露的进出口企业，海关应当从轻或减轻行政处罚

D.违法行为轻微的，不予追补税款

三、判断题

1."免税不免证"是特定减免税进口监管制度的一个特征。（　　）

2.进口"无代价抵偿货物"须向海关提交原进口报关单。（　　）

3.进境展览品在非展出期间应当存放在海关指定的监管场所，未经海关批准，不得移出。由于特殊原因需移出的，应当经海关总署备案批准。（　　）

4.暂时进境货物进境后用于特定目的的，海关给予特定减免税优惠。（　　）

5.跨境电商零售进出口商品在申报前，跨境电商企业或其代理人、物流企业应当如实向海关传输三单信息。三单信息是指报关单、支付和物流电子信息。（　　）

📝 项目测试

报关单数据申报

知识目标

▲ 正确理解"三个相符"、分单填报、分商品填报等报关单填报一般要求；

▲ 熟悉掌握调整后的报关单结构，以及报关单填报规范的修订情况；

▲ 理解报关单填报差错对企业信用、通关效率的影响；

▲ 理解海关对进出口货物报关单修改、撤销的管理要求。

能力目标

▲ 掌握并参与常见监管方式下进出口货物报关单填报作业，包括检验检疫栏目的填报；

▲ 能够使用"单一窗口"，进行进出口货物报关单录入填报；

▲ 在应对报关单填报作业相关案例时，能正确运用所学报关单填报规范和项目沿革知识，以及获取相关信息的技能，完成报关单填报或复核案例的分析判断与实际处理；

▲ 能够分析进出口货物报关单修改、撤销的情形，并完成报关单修改、撤销的作业，能够辨别可向海关复核的报关单差错记录，并完成复核工作。

素养目标

▲ 具有进出口货物托运、制单、保险、通关等操作能力；

▲ 熟悉海关法律法规，具有良好的职业道德和社会责任感；

▲ 具备较强的沟通能力和信息技术应用能力。

▶ **项目背景**

浙江陆港进出口贸易公司委托浙江正丽代理报关有限公司，办理从欧洲进口的葡萄酒、饼干和菜籽油等商品的进口报关事宜。小温在学习并掌握报关单填制要求后，在国际贸易"单一窗口"填制进口报关单。

任务一　数据申报概述

任务清单

1.了解报关单样式；

2.掌握报关单填报的要求。

知识卡片

一、数据申报

为了满足海关对跨境贸易的监管要求，进出口货物收发货人作为跨境供应链中的主要利益相关方，需要收集整理货物信息、订单信息、物流信息等相关数据，并向海关申报。为保证数据的真实、准确，除进出口货物收发货人需要在跨境供应链中履行申报义务外，还有承运人如船公司、航空公司、铁路部门以及港口、机场、铁路车站、监管场所运营人等口岸服务管理机构，第三方物流服务提供商等，均需按照《海关法》的规定向海关履行申报义务。

二、申报单位

报关单位注册登记分为报关企业注册登记和进出口货物收发货人注册登记。进出口货物的收发货人，可以通过本单位的报关人员向海关进行进出口报关单申报，也可以委托报关单位进行申报。

三、进出口货物报关单的样式

图6-1、图6-2为进出口货物报关单的样式。

四、报关单填报的一般要求

（一）承担相应法律责任

进出口货物收发货人或其代理人应按照《中华人民共和国海关进出口货物申报管理规定》等有关规定要求向海关申报，并对申报内容的真实性、准确性、完整性和规范性承担相应的法律责任。

案例分析

2024年5月，青岛某公司委托A报关公司以一般贸易方式向海关申报出口电热水壶（商品编码8516799090）8000个。后经海关查验：实际出口水壶（商品编码7323930000）6000个，与申报不符，案值为人民币120万元。

根据相关条例规定决定对当事人作出如下行政处罚：对A报关公司科处罚款人民币12万元；对青岛某公司科处罚款人民币19万元。

思考：数据申报的原则是什么？海关对两家公司作出处罚的原因是什么？

中华人民共和国海关进口货物报关单

（新港海关）

页码/页数：1/1

预录入编号：020220241000999880	海关编号：020220241000999880		
境内收货人（91120111600738902W）天津东神医疗系统有限公司	进境关别（0202）新港海关	进口日期 20241221	申报日期 20241221	备案号
境外发货人 PT Medical Systems Israel LTD.	运输方式（2）水路运输	运输工具名称及航次号 COSCOSHIPPINGNEBULA/013E	提运单号 GSINTSNK8690670	货物存放地点 国际物流
消费使用单位（91120111600738902W）天津东神医疗系统有限公司	监管方式（1300）修理物品	征免性质（299）其他法定	许可证号	启运港（ISR018）海法（以色列）
合同协议号	贸易国（地区）（ISR）以色列	启运国（地区）（ISR）以色列	经停港（ISR018）海法（以色列） 运费	入境口岸（120001）天津
包装种类（93/93）	件数 5	毛重（千克）375	净重（千克）350 成交方式（3）CIF 保费	杂费 征免

天然木托/天然木质编号
随附单证及编号

标记唛码及备注
备注：N/M 集装箱标箱数及号码：1；00LU2968633；关联报关单号：0217202400000199889

项号	商品编号	商品名称及规格型号	数量及单位	单价/总价/币制	原产国（地区）	最终目的国（地区）	境内目的地	征免
1	9022909090	CT机旋转箱体部件 013 CT机架与此部件 组装后高速旋转并起到连接作用 CT机架与此部件	350千克 5个 5个	475.0000 2375.00 美元	中国（CHN）	中国（CHN）	（12079/120116）滨海新区（塘沽）其他/天津市滨海新区	征免

特殊关系确认：否	价格影响确认：否	支付特许权使用费确认：否	自报自缴：否
报关人员 报关人员证号	电话	兹申明对以上内容承担如实申报、依法纳税之法律责任	海关批注及签章
申报单位（91120116005832037）天津津通报关股份有限公司		申报单位（签章）	

图6-1 进口货物报关单样式

中华人民共和国海关出口货物报关单

仅供核对用

预录入编号：02172022000897890　　海关编号：02172024000897890　　页码/页数：1/1

境内发货人	天津九天药业有限公司（91120116600583208 4）	出境关别 东疆港区（0217）	出口日期	申报日期 20240226	备案号
境外收货人 ATT CO.,LTD		运输方式 水路运输（2）	运输工具名称及航次号 COSCO E1RU/011W	提运单号 COSU9483857 3	
生产销售单位 天津九天药业有限公司（91120116600583208 4）		贸易方式 暂时进出货物（2600）	征免性质 其他法定	许可证号	
合同协议号					
贸易国（地区） 德国（DEU）	运抵国（地区） 德国（DEU）	指运港（DEU063） 汉堡（德国）	离境口岸（120001） 天津		
包装种类 其他包装（99）	件数 8	毛重（千克） 1538	净重（千克） 1308	成交方式（3） FOB	运费	保费	杂费

随附单证及编号

标记唛码及备注　集装箱号码：　2:TRLU3412568
备注：暂出九/2022082 6前复运进境

项号	商品编号	商品名称及规格型号	数量及单位	单价/总价/币制	原产国（地区）	最终目的国（地区）	境内货源地	征免
1	3923100090	黑色塑料盒子 0|0|承装物料的盒子|PP|非半导体晶圆|非半导体晶圆|天品牌|32664 4	280千克 233个	18.0000 4194.00 人民币	中国 (CHN)	德国 (DEU)	(12072) 天津经济技术开发区	全免 (3)
2	3923100090	黑色塑料盒子 0|0|承装物料的盒子|PP|非半导体晶圆|非半导体晶圆|天品牌|32664 4	1028千克 890个	25.0000 22250.00 人民币	中国 (CHN)	德国 (DEU)	(12072) 天津经济技术开发区	全免 (3)

特殊关系确认：	价格影响确认：	特许权使用费支付确认：	自报自缴	海关批注及签章：
报关人员　　报关人员证号		兹申明对以上内容承担如实申报、依法纳税之法律责任		
申报单位（91120116600583203 7）天津津通报关股份有限公司	电话	申报单位（签章）		

图6-2　出口货物报关单样式

129

（二）三个相符

单证相符，即所填报报关单各栏目的内容必须与合同、发票、装箱单、提单及批文等随附单据相符。

单货相符，即所填报报关单各栏目的内容必须与实际进出口货物的情况相符，不得伪报、瞒报、虚报。

与舱单相符，即所填报报关单的境内收发货人、运输工具、提单号、件数、毛重等必须与舱单数据相符。

（三）分单填报

不同运输工具、不同航次、不同提运单、不同监管方式、不同备案号、不同征免性质的货物，均应分不同的进出口货物报关单填报。一份原产地证书只能用于同一批次进口货物。

（四）分商品填报

一份报关单所申报的货物，需分项填报的情况主要有：商品编码不同的，商品名称不同的，计量单位不同的，原产国（地区）/最终目的国（地区）不同的，币制不同的，征免性质不同的。

五、"两步申报"改革

自2020年起，海关总署全面推广进口货物"两步申报"改革试点。"两步申报"通关模式是指：第一步，企业概要申报后经海关同意即可提离货物；第二步，企业在规定时间内完成完整申报。

任务二　报关单填报

任务清单

1.熟悉进出口报关单各项内容的填报要求；

2.能够准确规范地填写报关单。

知识卡片

企业可通过中国国际贸易"单一窗口"或"互联网+海关"平台进行进出口货物申报（见图6-3、图6-4）。

图6-3 中国国际贸易"单一窗口"货物申报界面

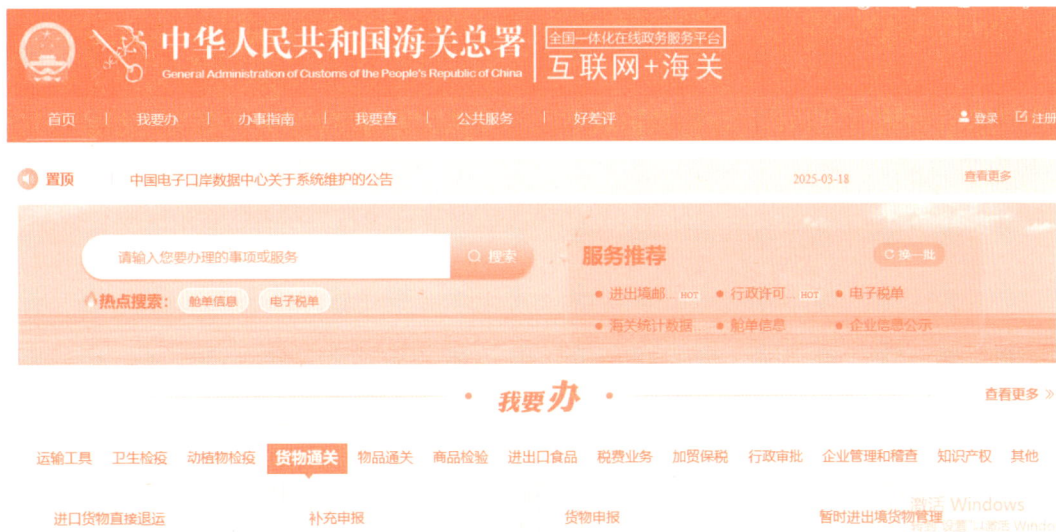

图6-4 "互联网+海关"货物申报界面

一、预录入编号

预录入编号指预录入报关单的编号，一份报关单对应一个预录入编号，由系统自动生成。

二、海关编号

海关编号指海关接受申报时给予报关单的编号，一份报关单对应一个海关编号，由系统自动生成。

报关单海关编号为18位，其中第1～4位为接受申报海关的代码（海关规定的"关区代码表"中相应海关代码），第5～8位为海关接受申报的公历年份，第9位为进出口标志（"1"为进口，"0"为出口；集中申报清单"I"为进口，"E"为出口），后9位为顺序编号。

三、境内收发货人

境内收发货人指在海关备案的对外签订并执行进出口贸易合同的中国境内法人、其他组织名称及编码。编码填报18位法人和其他组织统一社会信用代码，没有统一社会信用代码的，填报其在海关的备案编码。

（一）法人和其他组织统一社会信用代码编号规则

统一社会信用代码用18位的阿拉伯数字或大写英文字母表示，由登记管理部门代码（第1位）、机构类别代码（第2位）、登记管理机关行政区划码（第3～8位）、主体标识码（组织机构代码，第9～17位）和校验码（第18位）五个部分组成。

（二）海关注册编码编号规则

海关注册编码共10位，由阿拉伯数字和24个英文大写字母（I、O除外）组成，其结构如下。

①第1～4位为企业注册地行政区划代码，其中第1、2位表示省、自治区或直辖市，如北京市为11，江苏省为32；第3、4位表示省份所辖的市、地区、自治州、盟或县级行政区划，如北京市西城区1102，广东省广州市4401。

②第5位为企业注册地经济区划代码（见表6-1）。

表6-1　经济区划代码

经济区划名称	代　码	经济区划名称	代　码
经济特区	1	保税港区／综合保税区	6
经济技术开发区	2	保税物流园区	7
国家高新技术产业开发区	3	其　他	9
保税区	4	保税物流中心	W
出口加工区／珠澳跨境工业园区	5		

例如，珠海市为4404，包括珠海特区44041、珠海保税区44044、珠海国家高新技术产业开发区44043、珠澳跨境工业园区（珠海园区）44045、珠海市其他地区44049。

③第6位为企业经济类型代码（见表6-2）。

表6-2 企业经济类型代码

简　称	代码	简　称	代码
国有企业	1	个体工商户	7
中外合作企业	2	报关企业	8
中外合资企业	3	其　他	9
外商独资企业	4	国有对外加工企业（无进出口经营权）	A
集体企业	5	集体对外加工企业（无进出口经营权）	B
民营企业	6	私营对外加工企业（无进出口经营权）	C

④第7位为企业注册用海关经营类别代码，表示海关行政管理相对人的类别。如数字0～9为进出口货物收发货人／报关企业，英文大写字母D～I为各类保税仓库，L为临时注册登记单位，Z为报关企业分支机构，J为国内结转型出口监管仓库，P为出口配送型出口监管仓库。

■ 海关小课堂

⑤第8～10位为企业注册流水账号。

（三）特殊情况填报要求

①进出口货物合同的签订者和执行者非同一企业的，填报执行合同的企业。

②外商投资企业委托进出口企业进口投资设备、物品的，填报外商投资企业，并在"标记唛码及备注栏"注明"委托某进出口企业进口"，同时注明被委托企业的18位法人和其他组织统一社会信用代码。

③有代理报关资格的报关企业代理其他进出口企业办理进出口报关手续时，填报委托的进出口企业。

④海关特殊监管区域收发货人填报该货物的实际经营单位或海关特殊监管区域内经营企业。

⑤免税品经营单位经营出口退税国产商品的，填报免税品经营单位名称。

四、进出境关别

根据货物实际进出境的口岸海关，填报海关规定的"关区代码表"中相应口岸海关的名称及代码。

进出境关别代码由4位数字组成，前2位为直属关区关别代码，后2位为隶属海关或海关监管场所的代码。关区名称指直属海关、隶属海关或海关监管场所的中文名称；关区简称指关区（海关）的中文简称，一般为4个汉字。例如，货物由天津新港口岸进境，应填报为"新港海关（0202）"。

（一）特殊情况填报要求

①进口转关运输货物应填报货物进境地海关名称及代码，出口转关运输货物应填报货物出境地海关名称及代码。按转关运输方式监管的跨关区深加工结转货物，出口报关单填报转出地海关名称及代码，进口报关单填报转入地海关名称及代码。

②不同海关特殊监管区域或保税监管场所之间调拨、转让的货物，填报对方特殊监管区域或保税监管场所所在的海关名称及代码。

③无实际进出境的货物，填报接受申报的海关名称及代码。

（二）限定口岸要求

①国家对汽车整车、药品等货物限定口岸进口；对稀土、甘草、锑及锑制品等货物限定口岸出口；对实行许可证管理的货物，按证件核准口岸限定进出口。相关商品应严格在规定的口岸办理进出口申报手续。

②加工贸易进出境货物，应填报主管海关备案时所限定或指定货物进出的口岸海关名称及其代码。限定或指定口岸与货物实际进出境口岸不符的，应向合同备案主管海关办理变更手续后填报。

五、进出口日期

进口日期是指运载所申报进口货物的运输工具申报进境的日期。

出口日期是指运载所申报出口货物的运输工具办结出境手续的日期。

①本栏目为8位数字，顺序为年（4位）、月（2位）、日（2位）。例如，2024年2月10日申报进口一批货物，运输工具申报进境日期为2024年2月8日，则"进口日期"栏填报为"20240208"。

②进口日期以运载进口货物的运输工具申报进境日期为准。海关与运输企业实行舱单数据联网管理的，进口日期由系统自动生成。

③出口日期以运载出口货物的运输工具实际离境日期为准。海关与运输企业实行舱单数据联网管理的，出口日期由系统自动生成。

④集中申报的报关单，进出口日期以海关接受报关单申报的日期为准。

⑤无实际进出境的报关单，应填报向海关办理申报手续的日期，以海关接受申报的日期为准。

六、申报日期

申报日期指海关接受进出口货物收发货人、受委托的报关企业向海关申报数据的日期。以电子数据报关单方式申报的，申报日期为海关计算机系统接受申报数据时记录的日期。以纸质报关单方式申报的，申报日期为海关接受纸质报关单并对报关单进行登记处理的日期。

申报日期为8位数字，顺序为年（4位）、月（2位）、日（2位）。本栏目在申报时免予填报。

七、备案号

本栏目填报进出口货物收发货人、消费使用单位、生产销售单位在海关办理加工贸易合同备案或征、减、免税备案审批等手续时，海关核发的加工贸易手册、海关特殊监管区域和保税监管场所保税账册、征免税证明或其他备案审批文件的编号。

一份报关单只允许填报一个备案号。无备案审批文件的报关单，本栏目免予填报。

备案号的首位标记应与报关单"监管方式""征免性质""征免""用途""项号"等栏目内容相对应。

①报关单"监管方式"栏为表6-3中的监管方式时，"备案号"栏应填报与其相应的编号，不得为空。

表6-3　监管方式代码

代码	监管方式名称	代码	监管方式名称	代码	监管方式名称
0200	料件销毁	0466	加工设备退运	0865	来料边角料复出
0214	来料加工	0500	减免设备结转	1200	保税间货物
0245	来料料件内销	0513	补偿贸易	1234	保税区仓储转口
0255	来料深加工	0615	进料对口	2025	合资合作设备
0258	来料余料结转	0644	进料料件内销	2225	外资设备物品
0265	来料料件复出	0654	进料深加工	4400	来料成品退换
0300	来料料件退换	0657	进料余料结转	4600	进料成品退换
0314	加工专用油	0664	进料料件复出	5014	区内来料加工
0320	不作价设备	0700	进料料件退换	5015	区内进料加工货物
0345	来料成品减免	0744	进料成品减免	5034	区内物流货物
0400	边角料销毁	0815	低值辅料	5100	成品进出区
0420	加工贸易设备	0844	进料边角料内销	6033	物流中心进出境货物
0446	加工设备内销	0845	来料边角料内销		
0456	加工设备结转	0864	进料边角料复出		

②报关单"征免性质"栏为表6-4中的征免性质时，"备案号"栏应填写相应的编号，不得为空。

表6-4　征免性质代码

代　码	征免性质简称	代　码	征免性质简称	代　码	征免性质简称
201	无偿援助	501	加工设备	609	贷款项目
307	保税区	502	来料加工	611	贷款中标
401	科教用品	503	进料加工	789	鼓励项目
406	重大项目	506	边境小额	801	救灾捐赠
412	基础设施	601	中外合资	802	慈善捐赠
413	残疾人	602	中外合作	898	国批减免
417	远洋渔业	603	外资企业	998	内部暂定
422	集成电路	606	海洋石油	999	例外减免
499	ITA 产品	608	陆上石油		

③加工贸易货物备案号的填报。

加工贸易项下进出口报关业务，填报加工贸易手册或账册编号。

加工贸易成品凭征免税证明转为减免税进口货物的，进口报关单填报征免税证明编号，出口报关单填报加工贸易手册编号。

对加工贸易设备、使用账册管理的海关特殊监管区域内减免税设备之间的结转，转入和转出企业分别填报进、出口报关单，在报关单"备案号"栏目填报加工贸易手册编号。

④涉及征、减、免税审核确认的报关单，填报征免税证明编号。

⑤减免税货物退运出口，填报中华人民共和国海关进口减免税货物准予退运证明的编号；减免税货物补税进口，填报减免税货物补税通知书的编号；减免税货物进口或结转进口（转入），填报征免税证明的编号；相应的结转出口（转出），填报中华人民共和国海关进口减免税货物结转联系函的编号。

⑥免税品经营单位经营出口退税国产商品的，免予填报。

⑦正在办理减免税申请，而货物已进境，经海关核准凭担保先予以放行的，报关单"备案号"栏可免予填报；同时应在"标记唛头及备注"栏中注明"后补征免税证明"。事后根据所申请的减免税实际结果，删除或更正原报关单的相关栏目。

⑧综合保税区等海关特殊监管区域报关业务，填报区内企业在海关备案账册号。

常用备案号代码见表6-5。

表6-5　常用备案号代码

代　码	备案审批文件	代　码	备案审批文件
B	加工贸易手册（来料加工）	K	保税仓库备案式电子账册

代　码	备案审批文件	代　码	备案审批文件
C	加工贸易手册（进料加工）	Y	原产地证书
D	加工贸易不作价进口设备	Z	征免税证明
E	加工贸易电子账册	RB	减免税货物补税通知书
H	出口加工区电子账册	RT	减免税进口货物同意退运证明
J	保税仓库记账式电子账册	RZ	减免税进出口货物结转联系函

八、境外收发货人

境外收货人通常指签订并执行出口贸易合同中的买方或合同指定的收货人，境外发货人通常指签订并执行进口贸易合同中的卖方。

本栏目填报境外收发货人的名称及编码。名称一般填报英文名称，检验检疫要求填报其他外文名称的，在英文名称后填报，以半角括号分隔。对于 AEO 互认国家（地区）企业的，编码填报 AEO 编码，填报样式为："国别（地区）代码＋海关企业编码"，例如，新加坡 AEO 企业 SG123456789012（新加坡国别代码＋12 位企业编码）；非互认国家（地区）AEO 企业等其他情形，编码免予填报。

特殊情况下无境外收发货人的，名称及编码填报"NO"。

九、运输方式

运输方式包括实际运输方式和海关规定的特殊运输方式，前者指货物实际进出境的运输方式，按进出境所使用的运输工具分类；后者指货物无实际进出境的运输方式，按货物在境内的流向分类。

本栏目根据货物实际进出境的运输方式或货物在境内流向的类别，按照海关规定的"运输方式代码表"选择填报相应的运输方式。

（一）实际进出境货物的填报要求

①进境货物，按货物运抵我国关境第一个口岸时的运输方式填报；出境货物，按货物运离我国关境最后一个口岸时的运输方式填报。运输方式具体包括水路运输，代码为 2；铁路运输，代码为 3；公路运输，代码为 4；航空运输，代码为 5；邮件运输，代码为 6；其他运输，代码为 9。

②进口转关运输货物，按载运货物抵达进境地的运输工具填报；出口转关运输货物，按载运货物驶离出境地的运输工具填报。

③非邮件方式进出境的快递货物，按实际出境运输方式填报。

④不复运出（入）境而留在境内（外）销售的进出境展览品、留赠转卖物品等，填报"其他运输"（代码 9）。

⑤进出境旅客随身携带的货物，填报"旅客携带"（代码 L）。

⑥以固定设施（包括输油、输水管道和输电网等）运输货物的，填报"固定设施运输"（代码 G）。

（二）非实际进出境货物在境内流转时的填报要求

①境内非保税区运入保税区货物和保税区退区货物，填报"非保税区"（代码 0）。

②保税区运往境内非保税区货物，填报"保税区"（代码 7）。

③境内存入出口监管仓库和出口监管仓库退仓货物，填报"监管仓库"（代码 1）。

④保税仓库转内销货物或转加工贸易货物，填报"保税仓库"（代码 8）。

⑤从境内保税物流中心外运入中心或从中心运往境内中心外的货物，填报"物流中心"（代码 W）。

⑥从境内保税物流园区外运入园区或从园区内运往境内园区外的货物，填报"物流园区"（代码 X）。

⑦保税港区、综合保税区与境内（区外）（非海关特殊监管区域、保税监管场所）之间进出的货物，填报"保税港区／综合保税区"（代码 Y）。

⑧出口加工区、珠澳跨境工业区（珠海园区）、中哈霍尔果斯边境合作中心（中方配套区）与境内（区外）（非海关特殊监管区域、保税监管场所）之间进出的货物，填报"出口加工区"（代码 Z）。

⑨境内运入深港西部通道港方口岸区的货物，填报"边境特殊海关作业区"（代码 H）。

⑩经横琴新区和平潭综合实验区（以下简称综合试验区）二线指定申报通道运往境内（区外）或从境内经二线指定申报通道进入综合试验区的货物，以及综合试验区内按选择性征收关税申报的货物，填报"综合试验区"（代码 T）。

⑪海关特殊监管区域内的流转、调拨货物，海关特殊监管区域、保税监管场所之间的流转货物，海关特殊监管区域与境内区外之间进出的货物，海关特殊监管区域外的加工贸易余料结转、深加工结转、内销货物，以及其他境内流转货物，填报"其他运输"（代码 9）。

十、运输工具名称及航次号

运输工具名称指载运货物进出境的运输工具的名称或编号。航次号指载运货物进出境的运输工具的航次号。运输工具名称及航次号的填报内容应与运输部门向海关申报的舱单（载货清单）所列相应内容一致。

（一）运输工具名称的填报要求

1. 直接在进出境地或采用全国通关一体化报关

①水路运输：填报船舶编号（来往港澳小型船舶为监管簿编号）或者船舶英文名称。

②公路运输：启用公路舱单前，填报该跨境运输车辆的国内行驶车牌号，深圳提前报关模式的报关单填报国内行驶车牌号＋"／"＋"提前报关"。启用公路舱单后，免予填报。

③铁路运输：填报车厢编号或交接单号。

④航空运输：填报航班号。

⑤邮件运输：填报邮政包裹单号。

⑥其他运输：填报具体运输方式名称，例如管道、驮畜等。

2. 转关运输货物报关

（1）进口

①水路运输：直转、提前报关填报"@"＋16位转关申报单预录入号（或13位载货清单号）；中转填报进境英文船名。

②铁路运输：直转、提前报关填报"@"＋16位转关申报单预录入号；中转填报车厢编号。

③航空运输：直转、提前报关填报"@"＋16位转关申报单预录入号（或13位载货清单号）；中转填报"@"。

④公路及其他运输：填报"@"＋16位转关申报单预录入号（或13位载货清单号）。

⑤以上各种运输方式使用广东地区载货清单转关的提前报关货物，填报"@"＋13位载货清单号。

（2）出口

①水路运输：非中转填报"@"＋16位转关申报单预录入号（或13位载货清单号），如多张报关单需要通过一张转关单转关的，运输工具名称字段填报"@"。

中转货物，境内水路运输填报驳船船名；境内铁路运输填报车名（主管海关4位关区代码＋"TRAIN"）；境内公路运输填报车名（主管海关4位关区代码＋"TRUCK"）。

②铁路运输：填报"@"＋16位转关申报单预录入号（或13位载货清单号），如多张报关单需要通过一张转关单转关的，填报"@"。

③航空运输：填报"@"＋16位转关申报单预录入号（或13位载货清单号），如多张报关单需要通过一张转关单转关的，填报"@"。

④其他运输：填报"@"＋16位转关申报单预录入号（或13位载货清单号）。

3. 其他情况

采用"集中申报"通关方式的报关单，填报"集中申报"；免税品经营单位经营出口退税国产商品的，免予填报；无实际进出境的报关单，免予填报。

（二）航次号的填报要求

1.直接在进出境地或采用全国通关一体化报关

①水路运输：填报船舶的航次号。

②公路运输：启用公路舱单前，填报运输车辆的8位进出境日期［顺序为年（4位）、月（2位）、日（2位），下同］；启用公路舱单后，填报货物运输批次号。

③铁路运输：填报列车的进出境日期。

④航空运输：免予填报。

⑤邮件运输：填报运输工具的进出境日期。

⑥其他运输：免予填报。

2.转关运输货物报关

（1）进口

①水路运输：中转转关方式填报"@"+进境干线船舶航次；直转、提前报关免予填报。

②公路运输：免予填报。

③铁路运输："@"+8位进境日期。

④航空运输：免予填报。

⑤其他运输：免予填报。

（2）出口

①水路运输：非中转货物免予填报。

中转货物，境内水路运输填报驳船航次号；境内铁路、公路运输填报6位启运日期［顺序为年（2位）、月（2位）、日（2位）］。

②铁路拼车拼箱捆绑出口：免予填报。

③航空运输：免予填报。

④其他运输：免予填报。

3.其他情况

免税品经营单位经营出口退税国产商品的，免予填报；无实际进出境的报关单，免予填报。

十一、提运单号

填报进出口货物提单或运单的编号。一份报关单只允许填报一个提单或运单号，一票货物对应多个提单或运单时，应分单填报。

（一）直接在进出境地或全国通关一体化报关

①水路运输：填报进出口提单号；如有分提单的，填报进出口提单号 + "＿" + 分提单号。

②公路运输：启用公路舱单前，免予填报；启用公路舱单后，填报进出口总运单号。

③铁路运输：填报运单号。

④航空运输：填报总运单号 + "＿" + 分运单号，无分运单的填报总运单号。

⑤邮件运输：填报邮运包裹单号。

（二）转关运输货物报关

1. 进口

①水路运输：直转、中转填报提单号；提前报关免予填报。

②铁路运输：直转、中转填报铁路运单号；提前报关免予填报。

③航空运输：直转、中转货物填报总运单号 + "＿" + 分运单号；提前报关免予填报。

④其他运输：免予填报。

以上运输方式进境货物，在广东省内用公路运输转关的，填报承运车辆的车牌号。

2. 出口

①水路运输：中转货物填报提单号；非中转货物免予填报；广东省内汽车运输提前报关的转关货物，填报承运车辆的车牌号。

②其他运输：免予填报；广东省内公路运输提前报关的转关货物，填报承运车辆的车牌号。

（三）其他情况

采用"集中申报"通关方式办理报关手续的，报关单填报归并的集中申报清单的进出口起止日期；无实际进出境的，本栏目免予填报。

十二、货物存放地点

填报货物进境后存放的场所或地点，包括海关监管作业场所、分拨仓库、定点加工厂、隔离检疫场、企业自有仓库等。

进口报关单中，本栏目为必填项；出口报关单中，本栏目为选填项。

十三、消费使用单位／生产销售单位

消费使用单位填报已知的进口货物在境内的最终消费、使用单位的名称，包括自行进口货物的单位、委托进出口企业进口货物的单位。

生产销售单位填报出口货物在境内的生产或销售单位的名称，包括自行出口货物的单位、委托进出口企业出口货物的单位、免税品经营单位经营出口退税国产商品的，填报该免税品经营单位统一管理的免税店。

减免税货物报关单的消费使用单位／生产销售单位应与征免税证明的"减免税申请人"一致；保税监管场所与境外之间的进出境货物，消费使用单位／生产销售单位应当填报保税监管场所的名称［保税物流中心（B型）填报中心内企业名称］。

海关特殊监管区域的消费使用单位／生产销售单位填报区域内经营企业（"加工单位"或"仓库"）。

编码填报要求：填报18位法人或其他组织统一社会信用代码；无18位统一社会信用代码的，填报"NO"。

进口货物在境内的最终消费或使用，以及出口货物在境内的生产或销售的对象为自然人的，填报身份证号、护照号或台胞证号等有效证件号码及姓名。

十四、监管方式

监管方式是以国际贸易中进出口货物的交易方式为基础，结合海关对进出口货物的征税、统计及监管条件综合设定的海关对进出口货物的管理方式。其代码由4位数字构成，前2位是按照海关监管要求和计算机管理需要划分的分类代码，后2位是参照国家标准编制的贸易方式代码。

本栏目根据实际对外贸易情况，按海关规定的"监管方式代码表"选择填报相应的监管方式简称及代码。一份报关单只允许填报一种监管方式。

（一）一般贸易

一般贸易是指我国境内有进出口经营权的企业单位进口或单边出口的贸易。本监管方式代码为"0110"，简称"一般贸易"。

（二）来料加工贸易

来料加工是指进口料件由境外企业提供，经营企业不需要付汇进口，按照境外企业的要求进行加工或装配，只收取加工费且制成品由境外企业销售的经营活动。本监管方式代码为"0214"，简称"来料加工"。

（三）进料加工贸易

进料加工贸易是指进口料件由经营企业付汇进口，制成品由经营企业外销出口的经营活动。

进料加工对口合同是指买卖双方分别签订进出口对口合同，料件进口时，我方先付料件款，加工成品出口时再向对方收取出口成品款项的交易方式，包括动用外汇的对口合同或不同客户的对口联号合同，以及对开信用证的对口合同。本监管方式代码为"0615"，简称"进料对口"，主要适用于进料加工项下进口料件和出口成品，以及进料加工贸易中外商免费提供进口的主、辅料和零部件。

进料加工非对口合同是指我方有外贸进出口经营权的企业运用外汇购买进口原料、材料、元器件、零部件、配套件和包装物料（以下简称料件），加工成品或半成品再返销出口的交易形式。本监管方式代码为"0715"，简称"进料非对口"。

境外客户为境内企业加工复出口产品提供进口5000美元及以下、数量零星的辅料或包装物料，以及数量合理直接用于服装生产车间的小型易耗性生产工具。本监管方式代码为"0815"，简称"低值辅料"。

（四）加工贸易深加工结转

加工贸易经营企业将保税进口料件所加工的产品在境内结转给另一个加工贸易企业，用于再加工后复出口。转入、转出的企业分别填报进出口报关单，监管方式填报"来料深加工"（0255）或"进料深加工"（0654）。

（五）加工贸易料件复出

加工贸易进口料件由于品质、规格等退运出境，或加工过程中产生的剩余料件、边角料退运出境，且不再更换同类货物进口的，分别填报"来料料件复出"（0265）、"来料边角料复出"（0865）、"进料料件复出"（0664）、"进料边角料复出"（0864）。

（六）加工贸易货物退换

加工贸易保税料件由于品质、规格等退运出境，更换料件后复进口的，退运出境报关单和复运进境报关单的监管方式应填报"来料料件退换"（0300）或"进料料件退换"（0700）。

加工贸易出口成品由于品质、规格等退运出境，经加工、维修或更换同类商品复出口的，退运进境报关单和复运出境报关单的监管方式应填报"来料成品退换"（4400）或"进料成品退换"（4600）。

（七）加工贸易保税货物内销

加工贸易加工过程产生的剩余料件、制成品、半成品、残次品及受灾保税货物，经批准转为国内销售，不再加工复出口的，以及海关事后发现擅自转内销并准予补办进口补税手续属于加工贸易项下的货物，应填报进口货物报关单，监管方式填报"来料料件内销"（0245）或"进料料件内销"（0644）。

加工贸易保税货物减免是指来料、进料加工成品在境内销售给凭征免税证明进口货物的企业，监管方式填报"来料成品减免"（0345）或"进料成品减免"（0744）。

加工贸易过程中有形损耗产生的边角料，以及加工副产品，有商业价值且经批准在境内销售的，应填报进口报关单，监管方式填报"来料边角料内销"（0845）或"进料边角料内销"（0844）。

（八）加工贸易进口设备

加工贸易设备，指来料加工、进料加工贸易项下外商作价提供、不扣减企业投资总额的进口设备，以及服务外包企业履行国际服务外包合同，由国际服务外包业务境外发包方免费提供的进口设备。本监管方式代码为"0420"，简称"加工贸易设备"，对应征免性质为"一般征税"（101）或"加工设备"（501）。

不作价设备，指境外企业与境内企业开展来料、进料加工业务，外商免费向境内加工贸易经营单位提供加工生产所需设备，境内经营单位不需支付外汇、不需用加工费或差价偿还，监管方式代码为"0320"，简称"不作价设备"。

加工贸易设备转内销，指在海关监管期内的加工贸易免税进口设备经批准转售给境内非加工贸易企业，监管方式代码为"0446"，简称"加工设备内销"。

加工贸易设备退运，指加工贸易免税进口设备退运出境，监管方式代码为"0466"，简称"加工设备退运"。

（九）加工贸易余料结转、货物销毁、不作价设备结转

为简化保税货物报关手续，在金关二期保税核注清单系统启用后，企业办理加工贸易余料结转、加工贸易货物销毁（处置后未获得收入）、加工贸易不作价设备结转手续的，可不再办理报关单申报手续。

1. 余料结转

加工贸易余料结转是指加工贸易企业在经营来料加工、进料加工复出口业务过程中剩余的、可以继续用于加工制成品的加工贸易进口料件，结转到同一经营单位、同一加工企业、同样进口料件和同一加工监管方式的另一个加工贸易合同项下继续加工复出口。

转入、转出的加工贸易手册分别填报进出口货物报关单，监管方式为"来料余料结转"（0258）或"进料余料结转"（0657）。

2. 货物销毁

加工贸易企业因故无法内销或者退运而作销毁处置且未因处置获得收入的料件、残次品，其中残次品应按单耗折成料件，应填报进口货物报关单，监管方式填报"料件销毁"（0200），全称为"加工贸易料件、残次品（折料）销毁"。

加工贸易企业因故无法内销或者退运而作销毁处置且因处置获得收入的料件、副产品，应填报进口货物报关单，监管方式填报"边角料销毁"（0400），全称为"加工贸易边角料、副产品（按状态）销毁"。

3. 设备结转

加工贸易设备结转指海关监管期内的加工贸易免税进口设备经批准转让给另一加工企业，或从本企业一本加工贸易手册结转入另一本加工贸易手册，监管方式代码为"0456"，简称"加工设备结转"。

（十）监管年限内减免税设备结转

监管年限内减免税设备结转是指进口企业在减免税设备监管年限内转让给另一享受

减免税待遇的企业，监管方式代码为"0500"，简称"减免设备结转"。

本监管方式不适用于加工贸易项下进口设备结转给另一加工贸易企业，其监管方式应为"加工设备结转"（0456）。

（十一）保税区间及保税仓库间货物结转

保税区间及保税仓库间货物结转，是指在保税区、保税物流园区、出口加工区、出口监管仓库、保税仓库、保税物流中心（A、B型）等海关特殊监管区域、保税监管场所间往来的货物，监管方式代码为"1200"，简称"保税间货物"。

（十二）保税仓库进出境仓储、转口货物

保税仓库进出境仓储及转口货物，是指从境外进口直接存入保税仓库、保税仓库出境的仓储、转口货物，以及出口监管仓库出境的货物，监管方式代码为"1233"，简称"保税仓库货物"。

经批准设立的保税仓库进出境和出口监管仓库的出境货物，包括从保税仓库提取用于外国籍国际航行运输工具的物料。

（十三）保税区进出境仓储、转口货物

保税区进出境仓储、转口货物，是指从境外存入保税区、保税物流园区和从保税区、保税物流园区运出境的仓储、转口货物，监管方式代码为"1234"，简称"保税区仓储转口"。

（十四）外商投资企业进口设备、物品

1.投资总额内进口设备、物品

外商投资企业投资进口的设备、物品，是指外商投资企业投资总额内的资金（包括中方投资）进口的机器设备、零部件和其他建厂（场）物料，安装、加固机器所需材料，以及本企业自用合理数量的交通工具、生产用车辆、办公用品（设备）。

中外合资、合作企业进口设备、物品，监管方式代码为"2025"，简称"合资合作设备"；外商独资企业（以下简称外资企业）进口设备、物品，监管方式代码为"2225"，简称"外资设备物品"。

2.投资总额外自有资金免税进口设备

鼓励类和限制类外商投资企业、外商投资研究开发中心、先进技术型和产品出口型外商投资企业，以及符合中西部利用外资优势产业和优势项目目录的项目，利用投资总额以外的自有资金，在原批准的生产经营范围内，对设备进行更新维修，进口国内不能生产或性能不能满足需要的自用设备及其配套的技术、配件、备件，进口货物报关单监管方式应为"一般贸易"（0110），对应征免性质为"自有资金"（799）。

3.减免税设备结转

减免税设备结转，是指海关监管年限内的减免税设备，从进口企业结转到另一享受

减免税待遇的企业，监管方式代码为"0500"，简称"减免税设备结转"，减免税设备结转的转入、转出企业应分别填写进出口货物报关单向海关申报。

（十五）退运进出口货物

退运进出口货物是指原进出口货物由于残损、缺少、品质不良、规格不符、延误交货或其他原因退运出、进境的货物，监管方式代码为"4561"，简称"退运货物"。

退运货物进出口时，应随附原出（进）口货物报关单，并将原出（进）口货物报关单号填报在"标记唛码及备注"栏内。

（十六）进出境修理物品

进出境修理物品是指进境或出境维护修理的货物、物品，监管方式代码为"1300"，简称"修理物品"。

本监管方式适用于各类进出境维修的货物，以及修理货物维修所用的原材料、零部件。

（十七）租赁贸易

租赁贸易是指经营租赁业务的企业与外商签订国际租赁合同项下境内企业租赁进口或出租出口的货物。

①租赁期在1年及以上的进出口货物，其监管方式代码为"1523"，简称"租赁贸易"；

②租赁期在1年及以上的进出口货物分期办理征税手续时，每期征税适用监管方式代码为"9800"，简称"租赁征税"；

③租赁期不满1年的进出口货物，其监管方式代码为"1500"，简称"租赁不满1年"。

（十八）暂时进出境货物

暂时进出境货物是指经海关批准，暂时进出关境并且在规定的期限内复运出境、进境的货物，其监管方式代码为"2600"，简称"暂时进出货物"。

（十九）进出境展览品

进出境展览品是指外国来华或我国为到国外举办经济、文化、科技等展览或参加博览会而进出口的展览品及与展览品有关的宣传品、布置品、招待品、小卖品和其他物品，其监管方式代码为"2700"，简称"展览品"。

（二十）进出口货样、广告品

进出口货样是指专供订货参考的进出口货物样品；广告品是指用以宣传有关商品的进出口广告宣传品。有进出口经营权的企业价购或价售进出口货样广告品，监管方式代码为"3010"，简称"货样广告品"。

（二十一）无代价抵偿进出口货物

无代价抵偿进出口货物是指进出口货物海关放行后，由于残损、短少、品质不良或者规格不符等，由进出口货物的发货人、承运人或保险公司免费补偿或更换的与原货物相同或者与合同规定相符的货物，监管方式代码为"3100"，简称"无代价抵偿"。

（二十二）其他免费提供的进出口货物

其他免费提供的进出口货物是指除已具体列名的礼品、无偿援助和赠送物资、捐赠物资、无代价抵偿进口货物、国外免费提供的货样、广告品等及归入列名监管方式免费提供的货物以外，进出口其他免费提供的货物，监管方式代码为"3339"，简称"其他进出口免费"。

（二十三）对外承包工程进出口物资

对外承包工程出口物资是指经商务部批准的有对外承包工程经营权的公司为承包国外建设工程和开展劳务合作等对外合作项目而出口的设备、物资。承包工程出口物资的监管方式代码为"3422"，简称"对外承包出口"。承包工程期间在国外获取的设备、物资，以及境外劳务合作项目方以实物产品抵偿我国劳务人员工资所进口的货物，监管方式代码为"3410"，简称"承包工程进口"。

（二十四）国家或国际组织无偿援助和赠送的物资

国家或国际组织无偿援助和赠送的物资是指我国根据两国政府间的协议或临时决定，对外提供无偿援助的物资、捐赠品或我国政府、组织基于友好关系向对方国家政府、组织赠送的物资，以及我国政府、组织接受国际组织、外国政府、组织无偿援助、捐赠或赠送的物资，其监管方式代码为"3511"，简称"援助物资"。

（二十五）进出口捐赠物资

进出口捐赠物资是指境外捐赠人以扶贫、慈善、救灾为目的向我国境内捐赠的直接用于扶贫、救灾、兴办公益福利事业的物资，以及境内捐赠人以扶贫、慈善、救灾为目的向境外捐赠的直接用于扶贫、救灾、兴办公益福利事业的物资，其监管方式代码为"3612"，简称"捐赠物资"。

十五、征免性质

征免性质是指海关根据《海关法》《关税法》及国家有关政策对进出口货物实施的征、减、免税管理的性质类别。征免性质是海关对进出口货物征、减、免税进行分类统计分析的重要基础。

本栏目根据实际情况按海关规定的"征免性质代码表"选择填报相应的征免性质简称及代码，持有海关核发的征免税证明的，应按照征免税证明中批注的征免性质填报。一份报关单只允许填报一种征免性质。

①一般征税（101），适用于依照《海关法》《关税法》《税则》及其他法律、行政法规和规章所规定的税率征收进出口关税、进口环节增值税、消费税和其他税费的进出口货物，包括除其他征免性质另有规定者外的一般照章（如按照公开暂定税率、关税配额、反倾销、反补贴、保障措施等）征税或补税的进出口货物。

②加工设备（501），适用于加工贸易经营单位按照有关减免税政策进口的外商免费（不需要经营单位付汇，也不需要耗用加工费或差价偿还）提供的加工生产所需设备。

③来料加工（502），适用于来料加工装配项下进口所需的料件等，以及经加工后出口的成品、半成品。

④进料加工（503），适用于为生产外销产品用外汇购买进口的料件，以及加工后返销出口的成品、半成品。

⑤中外合资（601），目前一般适用于中外合资企业自产的出口产品。

⑥中外合作（602），目前一般适用于中外合作企业自产的出口产品。

⑦外资企业（603），目前一般适用于外资企业自产的出口产品。

⑧鼓励项目（789），适用于1998年1月1日后经主管部门审批并确认的国家鼓励发展的国有投资项目、外商投资项目、利用外国政府贷款和国际金融组织贷款项目，以及从1999年9月1日起，按国家规定程序审批的外商投资研究开发中心及中西部省、自治区、直辖市利用外资优势产业和优势项目目录的项目，在投资总额内进口的自用设备，以及按合同随设备进口的技术及数量合理的配套件、备件。

⑨自有资金（799），适用于设立的鼓励类外商投资企业（外国投资者的投资比例不低于25%），以及符合中西部利用外资优势产业和优势项目目录的项目，在投资总额以外利用自有资金（包括企业储备基金、发展基金、折旧和税后利润），在原批准的生产经营范围内进口国内不能生产或性能不能满足需要的（即不属于《国内投资项目不予免税的进口商品目录》的）自用设备及其配套的技术、配件、备件，用于本企业原有设备更新（不包括成套设备和生产线）或维修。

"鼓励项目"和"自有资金"的使用，须依程序取得海关核发的征免税证明并与"征免性质"栏批注内容相符。

⑩其他法定（299），适用于依照《海关法》《关税法》，对除无偿援助进出口物资外的其他实行法定减免税的进出口货物，以及根据有关规定非按全额货值征税的部分进出口货物。

十六、许可证号

许可证号是指商务部配额许可证事务局、驻各地特派员办事处，以及各省、自治区、直辖市、计划单列市和商务部授权的其他省会城市商务厅（局）、外经贸委（厅、局）签发的进出库许可证编号。

本栏目填报以下许可证的编号：进（出）口许可证、两用物项和技术进（出）口许可证、两用物项和技术出口许可证（定向）、纺织品临时出口许可证、出口许可证（加工贸易）、出口许可证（边境小额贸易）。

免税品经营单位经营出口退税国产商品的，免予填报。

非许可证管理商品，此栏目为空。

十七、启运港

填报进口货物在运抵我国关境前的第一个境外装运港。

根据实际情况，按海关规定的"港口代码表"填报相应的港口名称及代码，未在"港口代码表"列明的，填报相应的国家名称及代码。

货物从海关特殊监管区域或保税监管场所运至境内区外的，填报"港口代码表"中相应海关特殊监管区域或保税监管场所的名称及代码，未在"港口代码表"中列明的，填报"未列出的特殊监管区"及代码。

其他无实际进境的货物，填报"中国境内"及代码。

十八、合同协议号

合同协议号是指在进出口贸易中，买卖双方或数方当事人根据国际贸易惯例或国家有关法律、法规，自愿按照一定条件就买卖某种商品签订的合同（包括协议或订单）的编号。

本栏目填报进出口货物合同（包括协议或订单）编号。进出口货物报关单所申报货物必须是在合同中明确包含的货物。

未发生商业性交易的免予填报。免税品经营单位经营出口退税国产商品的，免予填报。

十九、贸易国（地区）

发生商业性交易的，进口填报购自国（地区），出口填报售予国（地区）。未发生商业性交易的，填报货物所有权拥有者所属的国家（地区）。

本栏目应按海关规定的"国别（地区）代码表"选择填报相应的贸易国（地区）中文名称及代码。

二十、启运国（地区）/运抵国（地区）

启运国（地区）填报进口货物起始发出直接运抵我国或者在运输中转国（地区）未发生任何商业性交易的情况下运抵我国的国家（地区）。

运抵国（地区）填报出口货物离开我国关境直接运抵或者在运输中转国（地区）未

发生任何商业性交易的情况下最后运抵的国家（地区）。

本栏目应按海关规定的"国别（地区）代码表"填报相应的启运国（地区）或运抵国（地区）中文名称及代码。

（一）直接运抵货物填报要求

经过第三国（地区）转运的进出口货物，如在中转国（地区）发生商业性交易，则以中转国（地区）为启运／运抵国（地区）。

（二）在第三国（地区）中转（转运）货物填报要求

所谓中转（转运）货物，是指船舶、飞机等运输工具从装运港将货物装运后，不直接驶往目的港，而在中途的港口卸下后，再换装另外的船舶、飞机等运输工具转运往目的港。货物中转的原因很多，如至目的港无直达船舶(飞机)，或目的港虽有直达船舶(飞机)而时间不定或航次间隔时间太长，或目的港不在装载货物的运输工具的航线上，或货物属于多式联运等。对于中转货物，启运国（地区）或运抵国（地区）分两种不同情况填报：

①发生运输中转而未发生任何买卖关系的货物，其启运国（地区）或运抵国（地区）不变，仍以进口货物的始发国（地区）为启运国（地区）填报，以出口货物的最终目的国（地区）为运抵国（地区）填报。

②发生运输中转并发生了商业性交易（买卖关系）的货物，其中转地为启运国（地区）或运抵国（地区），可通过发票等商业单证来判断货物中转时是否发生了买卖关系。

（三）非实际进出境货物

运输方式代码为"0""1""7""8""W""X""Z""H"的，以及监管方式代码后两位为42～46，54～58的货物，启运国（地区）和运抵国（地区）均为"中国"。

二十一、经停港／指运港

经停港填报进口货物在运抵我国关境前的最后一个境外装运港。

指运港填报出口货物运往境外的最终目的港；最终目的港不可预知的，按尽可能预知的目的港填报。

本栏目根据实际情况，按海关规定的"港口代码表"选择填报相应的港口名称及代码。经停港／指运港在"港口代码表"中无港口名称及代码的，可选择填报相应的国家名称及代码。

非实际进出境的货物，填报"中国境内"及代码。

二十二、入境口岸／离境口岸

入境口岸填报进境货物从跨境运输工具卸离的第一个境内口岸的中文名称及代码；采取多式联运跨境运输的，填报多式联运货物最终卸离的境内口岸中文名称及代码；过境货物填报货物进入境内的第一个口岸的中文名称及代码；从海关特殊监管区域或保税监管场所进境的，填报海关特殊监管区域或保税监管场所的中文名称及代码；其他非实际进境的货物，填报货物所在地的城市名称及代码。

离境口岸填报装运出境货物的跨境运输工具离境的第一个境内口岸的中文名称及代码；采取多式联运跨境运输的，填报多式联运货物最初离境的境内口岸中文名称及代码；过境货物填报货物离境的第一个境内口岸的中文名称及代码；从海关特殊监管区域或保税监管场所离境的，填报海关特殊监管区域或保税监管场所的中文名称及代码；其他非实际出境的货物，填报货物所在地的城市名称及代码。

入境口岸／离境口岸类型包括港口、码头、机场、机场货运通道、边境口岸、火车站、车辆装卸点、车检场、陆路港、坐落在口岸的海关特殊监管区域等。按海关规定的"国内口岸代码表"选择填报相应的境内口岸名称及代码。

入境口岸／离境口岸代码由6位数字组成，例如北京口岸代码为"110001北京"。

二十三、包装种类

填报进出口货物的所有包装材料，包括运输包装和其他包装，按海关规定的"包装种类代码表"（见表6-6）选择填报相应的包装种类名称及代码。运输包装指提运单所列货物件数单位对应的包装，其他包装包括货物的各类包装，以及植物性铺垫材料等。

表6-6 包装种类代码

代　码	名　　称	代　码	名　　称
00	散　装	32	纸制或纤维板制桶
01	裸　装	33	木制或竹藤等植物性材料制桶
04	球状罐类	39	其他材料制桶
06	包／袋	92	再生木托
22	纸制或纤维板制盒／箱	93	天然木托
23	木制或竹藤等植物性材料制盒／箱	98	植物性铺垫材料
29	其他材料制盒／箱	99	其他包装

二十四、件数

填报进出口货物运输包装的件数（按运输包装计）。

①报关单件数填报数量，要求与舱单件数相同。件数填报数量大于舱单数量时，海关系统会作退单处理，需修改后重新发送；件数填报数量小于舱单数量时，舱单核销将出现异常。

②同一提运单下，需要多个报关单申报时，要求所有报关单的件数合计数量与舱单件数相同。

③舱单件数为集装箱的，填报集装箱个数。

④舱单件数为托盘的，填报托盘数。

⑤报关单件数栏目不得填报"0"，裸装货物填报为"1"。

二十五、毛重

填报进出口货物及其包装材料的重量之和。

①毛重的计量单位为千克，不足1千克的精确到小数点后2位。

②"毛重"栏目不得为空。

③毛重填报数量大于舱单数量时，海关系统会作退单处理，需修改后重新发送；毛重填报数量小于舱单数量时，舱单核销将出现异常。

④同一提运单下，需要多个报关单申报时，要求所有报关单的毛重合计数量与舱单重量相同。

二十六、净重

填报进出口货物的毛重减去外包装材料后的重量，即货物本身的实际重量。部分商品的净重还包括直接接触商品的销售包装物料的重量（如罐头、化妆品、药品及类似品等）。

①净重的计量单位为千克，不足1千克的精确到小数点后2位。

②本栏目填报进出口货物实际净重，不得为空。

③以毛重作净重计价的，可填毛重，如矿砂、粮食等大宗散货或裸装的钢管、钢板等按照国际惯例，以公量重计价的货物，如未脱脂羊毛、羊毛条等，填报公量重。

二十七、成交方式

在进出口贸易中，进出口商品的价格构成和买卖双方各自应承担的责任、费用和风险，以及货物所有权转移的界限，以贸易术语（价格术语）进行约定。

（一）"成交方式"与贸易术语对照

在填报进出口货物报关单时，应依据进出口货物的实际成交价格条款，按照海关"成交方式代码表"（见表6-7）选择填报相应的成交方式代码。

应注意的是，海关规定的"成交方式"与《2020年国际贸易术语解释通则》（以下简称《2020通则》）中的贸易术语内涵并非完全一致。CIF、CFR、FOB等常见的成交方式，并不限于水路，而适用于任何国际货物运输方式，主要体现成本、运费、保险费等成交价格构成因素。

表6-7　成交方式代码

成交方式代码	成交方式名称	成交方式代码	成交方式名称
1	CIF（成本加保险费加运费）	5	市场价
2	C&F（成本加运费）	6	垫　仓
3	FOB（离岸价）	7	EXW（工厂交货）
4	C&I（成本加保险费）		

《2020通则》11种贸易术语与报关单"成交方式"栏对应关系如表6-8所示。

表6-8　《2020通则》11种贸易术语与报关单"成交方式"栏对应关系

组　别	术　语	成交方式
E　组	EXW	EXW
F　组	FCA（货交承运人）	FOB
	FAS（船边交货）	
	FOB	
C　组	CFR	CFR
	CPT（运费付至）	
	CIF	CIF
	CIP（运费及保险费付至）	
D　组	DAP（目的地交货）	
	DPU（目的地卸货后交货）	
	DDP（指定目的地）	

（二）特殊情况

非实际进出境的货物，进口成交方式为CIF或其代码，出口成交方式为FOB或其代码。

二十八、运费

填报进口货物运抵我国境内输入地点起卸前的运输费用，或出口货物运至我国境内输出地点装载后的运输费用。

（一）成交方式与运费填报的逻辑关系

当进口货物成交价格不包含前述运输费用或者当出口货物成交价格含有前述运输费用时，即进口成交方式为FOB、C&I、EXW或出口成交方式为CIF、CFR的，应在本栏目填报运费。进口货物成交价格包含前述运输费用或者出口货物成交价格不包含前述运输费用的，本栏目免予填报。

（二）运费单价、总额、费率的填报要求

运费可按运费单价、运费总价或运费率三种方式之一填报，同时注明运费标记并按照"货币代码表"填报币种代码。"1"表示运费率，"2"表示每吨货物的运费单价，"3"表示运费总价。例如，某批进口货物，以FOB条款成交，不同运费条款应分别为：

①应计入完税价格的运费为300美元，应填报3/300/USD；

②应计入完税价格的运费为30美元／吨，应填报2/30/USD；

③应计入完税价格的运费为货物价格的3%，应填报1/3。

二十九、保费

进出口货物报关单所列的保费是指进出口货物在国际运输过程中，由被保险人付给保险人的保险费用。进口货物保费是指货物运抵我国境内输入地点起卸前的保险费用，出口货物保费是指货物运至我国境内输出地点装卸后的保险费用。

（一）成交方式与保费填报的逻辑关系

进口货物成交价格包含前述保险费用或者出口货物成交价格不包含前述保险费用的，本栏目免予填报。进口货物成交价格不包含保险费的和出口货物成交价格含有保险费的，即进口成交方式为FOB、CFR或出口成交方式为CIF、C&I的，应在本栏目填报保费。

（二）保费总额、费率的填报要求

保费可按保险费总额或保险费率两种方式之一填报，同时注明保险费标记，并按海关规定的"货币代码表"选择填报相应的币种代码。保险费标记"1"表示保险费率，"3"表示保险费总额。例如，某批进口货物，以FOB条款成交，不同运费条款应分别为：

①应计入完税价格的保险费为120美元，应填报3/120/USD；

②应计入完税价格的保险费为货物价格的3‰，应填报1/0.3。

运保费合并计算的，运保费填报在"运费"栏中，本栏目免予填报。

三十、杂费

填报成交价格以外的，按照《关税法》等相关法律法规规定应计入完税价格或应从完税价格中扣除的费用，如手续费、佣金、折扣等，如表6-9所示。

表6-9 运费、保费、杂费填写

项　　目	费率1	单价2	总价3
运　　费	5% → 1/5	USD50 → 2/50/USD	HKD5000 → 3/5000/HKD
保　　费	0.27 → 1/0.27	—	EUR5000 → 3/5000/EUR
杂　费（计入）	1% → 1/1	—	GBP5000 → 3/5000/GBP
杂　费（扣除）	1% → −1/1	—	JPY5000 → 3/−5000/JPY

①杂费可按杂费总价或杂费率两种方式之一填报，同时注明杂费标记，并按海关规定的"货币代码表"选择填报相应的币种代码。杂费标记"1"表示杂费率，"3"表示杂费总价。

②应计入完税价格的杂费填报为正值或正率，应从完税价格中扣除的杂费填报为负值或负率。无杂费时，本栏目免填。

三十一、随附单证及编号

本栏目分为随附单证代码和随附单证编号两栏，其中代码栏按海关规定的"监管证件代码表"（见表6-10）和"随附单据代码表"选择填报相应证件代码；随附单证编号栏填报证件编号。

表6-10　监管证件代码

监管证件代码	监管证件名称	监管证件代码	监管证件名称
1	进口许可证	O	自动进口许可证（新旧机电产品）
2	两用物项和技术进口许可证	P	固体废物进口许可证
3	两用物项和技术出口许可证	Q	进口药品通关单
4	出口许可证	R	进口兽药通关单
5	纺织品临时出口许可证	S	进出口农药登记证明
6	旧机电产品禁止进口	U	合法捕捞产品通关证明
7	自动进口许可证	V	人类遗传资源材料出口、出境证明
8	禁止出口商品	X	有毒化学品环境管理放行通知单
9	禁止进口商品	Z	赴境外加工光盘进口备案证明
A	检验检疫	b	进口广播电影电视节目带（片）提取单
B	电子底账	d	援外项目任务通知函
D	出/入境货物通关单（毛坯钻石用）	f	音像制品（成品）进口批准单
E	濒危物种允许出口证明书	g	技术出口合同登记证
F	濒危物种允许进口证明书	i	技术出口许可证
G	两用物项和技术出口许可证（定向）	k	民用爆炸物品进出口审批单
I	麻醉精神药品进出口准许证	m	银行调运人民币现钞进出境证明
J	黄金及黄金制品进出口准许证	n	音像制品（版权引进）批准单
L	药品进出口准许证	u	钟乳石出口批件
M	密码产品和设备进口许可证	z	古生物化石出境批件

海关对于每一商品编码项下的商品，在通关系统中均对应设置一定的监管条件，用

以表示该商品是否可以进出口，或者进出口时是否需要提交监管证件，以及提交何种监管证件。

监管条件以监管证件代码来表示，如监管条件为空，则表示该商品可以进出口且无须提交任何监管证件，本栏目无须填报；如监管证件有要求时，本栏目必须填报。例如，商品编号 8479.8999.10 项下用于光盘生产的金属盘生产设备（具有独立功能的），监管条件为"6A"，其中代码"6"表示该商品的旧品禁止进口，代码"A"表示该商品为进口检验检疫商品。

三十二、标记唛码及备注

标记唛码及备注是指除按报关单固定栏目申报进出口货物有关情况外，需要补充或特别说明的事项，包括关联备案号、关联报关单号，以及其他需要补充或特别说明的事项。

（一）关联报关单的填报

与本报关单有关联关系的，同时在业务管理规范方面又要求填报的报关单号，填报在电子数据报关单中的"关联报关单"栏。

保税间流转、加工贸易结转类的报关单，应先办理进口报关，并将进口报关单号填入出口报关单的"关联报关单"栏。

办理进口货物直接退运手续的，除另有规定外，应当先填写出口报关单，再填写进口报关单，并将出口报关单号填入进口报关单的"关联报关单"栏。

减免税货物结转出口（转出），应先办理进口报关，并将进口（转入）报关单号填入出口（转出）报关单的"关联报关单"栏。

（二）直接退运货物的填报

办理进口货物直接退运手续的，本栏目填报"＜ ZT"＋"海关审核联系单号"或"海关责令进口货物直接退运通知书编号"＋"＞"。办理固体废物直接退运手续的，填报"固体废物，直接退运表××号／责令直接退运通知书××号"。

（三）保税监管场所进出货物的填报

保税监管场所进出货物，在"保税／监管场所"栏填写本保税监管场所编码［保税物流中心（B 型）填报本中心的国内地区代码］，其中涉及货物在保税监管场所间流转的，在本栏目填写对方保税监管场所代码。

（四）其他情况的填报

①标记唛码中除图形以外的文字、数字，无标记唛码的填报 N/M；

②受外商投资企业委托代理其进口投资设备、物品的进出口企业名称；

③涉及加工贸易货物销毁处置的，填写海关加工贸易货物销毁处置申报表编号；

④属于修理物品的，填报"修理物品"字样；

⑤跨境电子商务进出口货物，在本栏目内填报"跨境电子商务"；

⑥加工贸易副产品内销，在本栏目内填报"加工贸易副产品内销"；

⑦服务外包货物进口，填报"国际服务外包进口货物"。

（五）集装箱项目

申报使用集装箱装载进出口货物的，必须填报；未使用集装箱装载进出口货物的，无须填报。

1. 集装箱号

集装箱号是在每个集装箱两侧标示的全球唯一的编号。其组成规则是：箱主代号（3位字母）+设备识别号"U"+顺序号（6位数字）+校验码（1位数字）。例如，TCKU6201981。

2. 集装箱规格

根据提运单确认集装箱规格，在表格中选择（如表所示）。其中，L代表40英尺集装箱、S代表20英尺集装箱。

例如，TCKU6201981为40英尺普通集装箱，应填报普通2×标准箱（L）。

集装箱代码规格见表6-11。

表6-11　集装箱代码规格

代　码	集装箱规格	代　码	集装箱规格
11	普通2×标准箱(L)	22	冷藏标准箱(S)
12	冷藏2×标准箱(L)	23	罐式标准箱(S)
13	罐式2×标准箱(L)	31	其他标准箱(S)
21	普通标准箱(S)	32	其他2×标准箱(L)

3. 自重

录入集装箱箱体的重量（千克），本栏目为选填项。

4. 拼箱标识

进出口货物为集装箱拼箱货物时，在本栏下拉菜单中选择"是"或"否"。

5. 商品项号关系

与委托单位确认每个集装箱和货物的对应关系，填报时在本栏的下拉菜单中选择单个集装箱对应的商品项号。

三十三、项号

项号是指申报货物在报关单中的商品排列序号及该项商品在加工贸易手册、征免税证明等备案单证中的顺序编号。

本栏目分两行填报。第一行填报报关单中的商品顺序编号；第二行填报备案序号，专用于加工贸易及保税、减免税等已备案、审批的货物，填报该项货物在加工贸易手册或征免税证明等备案、审批单证中的顺序编号。

加工贸易项下进出口货物的报关单，第一行填报报关单中的商品顺序编号，第二行填报该项商品在加工贸易手册中的商品备案项号，用于核销对应项号下的料件或成品数量。例如，一张加工贸易料件进口报关单上某项商品项号填报为上"01"、下"10"，说明该商品位列报关单所申报商品的第1项，并且对应加工贸易手册备案料件第10项。

三十四、商品编号

商品编号由10位数字组成，前8位为《税则》和《中华人民共和国海关统计商品目录》（以下简称《统计商品目录》）确定的编码，第9、10位为监管附加编号。

三十五、监管类别名称

涉及检验检疫的进出口货物，须填报本栏目。

三十六、商品名称与规格型号

商品名称是指国际贸易缔约双方约定的商品名称。报关单中的商品名称是指进出口货物规范的中文名称。

规格型号是指反映商品性能、品质和规格的一系列指标，如品牌、等级、成分、含量、纯度、尺寸等。

本栏目分两行填报。第一行填报进出口货物规范的中文商品名称，如果发票中的商品名称为非中文名称，则需翻译成规范的中文名称填报，必要时加注原文。第二行填报规格型号，按照《中华人民共和国海关进出口商品涉税规范申报目录》要求填报。

三十七、数量及单位

报关单上的"数量及单位"栏指进出口商品的成交数量及计量单位，以及海关法定计量单位和按照法定计量单位计算的数量。

海关法定计量单位分为海关法定第一计量单位和法定第二计量单位。海关法定计量单位以《统计商品目录》中规定的计量单位为准。例如，天然水为千升／千克，烟卷为千克／千支。

①第一行应按进出口货物的法定第一计量单位填报数量及单位，法定计量单位以《统计商品目录》中的计量单位为准。

②凡列明有法定第二计量单位的，应在第二行按照法定第二计量单位填报数量及单

位。无法定第二计量单位的，本栏目第二行为空。

③成交计量单位及数量应填报并打印在第三行。成交计量单位与《统计商品目录》计量单位一致时，本栏目第三行为空。

三十八、单价、总价与币制

单价是指进出口货物实际成交的商品单位价格的金额部分。

总价是指进出口货物实际成交的商品总价的金额部分。

币制是指进出口货物实际成交的计价货币的名称。

三十九、原产国（地区）

原产国（地区）是指进口货物的生产、开采或加工制造的国家（地区）。

本栏目应按海关规定的"国别（地区）代码表"选择填报相应的国家（地区）名称及代码。

四十、最终目的国（地区）

最终目的国（地区）是指已知的进出口货物的最终实际消费、使用或进一步加工制造国家（地区）。本栏目应按海关规定的"国别（地区）代码表"选择填报相应的国家（地区）名称及代码。

四十一、境内目的地/境内货源地

境内目的地填报已知的进口货物在国内的消费、使用地区或最终运抵地，其中最终运抵地为最终使用单位所在的地区。最终使用单位难以确定的，填报货物进口时预知的最终收货单位所在地。

境内货源地填报出口货物在国内的生产地或原始发货地。出口货物产地难以确定的，填报最早发运该出口货物的单位所在地。

进口填报境内目的地，出口填报境内货源地。

四十二、征免

征免是指海关依照《海关法》《关税法》及其他法律、行政法规，对进口货物进行征税、减税、免税或特案处理的实际操作方式。同一份报关单上可以填报不同的征减免税方式。

按照海关核发的征免税证明或有关政策规定，对报关单所列每项商品选择海关规定的"征减免税方式代码表"中相应的征减免税方式填报。

（一）主要征减免税方式

1. 照章征税

照章征税指对进出口货物依照法定税率计征各类税费。

2. 折半征税

折半征税指依照主管海关签发的征免税证明或海关总署的通知，对进出口货物依照法定税率折半计征关税和增值税，但照章征收消费税。

3. 全免

全免指依照主管海关签发的征免税证明或海关总署的通知，对进出口货物免征关税和增值税，但消费税是否免征应按有关批文的规定办理。

4. 特案减免

特案减免指依照主管海关签发的征免税证明或海关总署通知规定的税率或完税价格计征各类税费。

5. 随征免性质

随征免性质指对某些特定监管方式下进出口的货物按照征免性质规定的特殊计税公式或税率计征税费。

6. 保证金

保证金指经海关批准具保放行的货物，由担保人向海关缴纳现金的一种担保形式。

7. 保函

保函指担保人根据海关的要求，向海关提交的订有明确权利、义务的一种担保形式。

（二）监管方式、征免性质与征免填报的逻辑关系

表格中的征免是与海关管理相关的信息，与报关单的监管方式及征免性质的填报，存在相对应的逻辑关系。

①对以"一般贸易"成交，并已确认按一般进出口通关制度报关（征税）的货物，其对应关系如下。

监管方式：一般贸易。

征免性质：一般征税。

征免：照章征税或保证金、保函。

②对"来料加工"或"进料加工"进出口货物，并已确认按保税通关制度报关（保税）的，其对应关系如下。

监管方式：来料加工／进料对口。

征免性质：来料加工／进料加工。

征免：全免。

③对来料／进料深加工结转货物，并已确认按保税通关制度报关（保税）的，其对

应关系如下。

监管方式：来料深加工／进料深加工。

征免性质：本栏为空。

征免：全免。

④对外商投资企业在投资额度内进口设备／物品，并已确认按特定减免税通关制度报关（免税）的，其对应关系如下。

监管方式：合资合作设备／外资设备物品。

征免性质：鼓励项目。

征免：全免／特案减免。

⑤对外商投资企业在投资额度外利用自有资金进口设备／物品，并已确认按照特定减免税通关制度报关（免税）的，其对应关系如下。

监管方式：一般贸易。

征免性质：自有资金。

征免：全免／特案减免。

四十三、原产地区

填报入境货物在原产国（地区）内的生产区域，如州、省等。本栏目为选填栏目。

四十四、特殊关系确认

填报确认进出口行为中买卖双方是否存在特殊关系，有下列情形之一的，应当认为买卖双方存在特殊关系，在本栏目应填报"是"，反之则填报"否"。

①买卖双方为同一家族成员的；

②买卖双方互为商业上的高级职员或者董事的；

③一方直接或者间接地受另一方控制的；

④买卖双方都直接或者间接地受第三方控制的；

⑤买卖双方共同直接或者间接地控制第三方的；

⑥一方直接或者间接地拥有、控制或者持有对方5%以上（含5%）公开发行的有表决权的股票或者股份的；

⑦一方是另一方的雇员、高级职员或者董事的；

⑧买卖双方是同一合伙的成员的。

买卖双方在经营上相互有联系，一方是另一方的独家代理、独家经销或者独家受让人，如果符合前款的规定，也应当视为存在特殊关系。

四十五、价格影响确认

填报确认纳税义务人是否可以证明特殊关系未对进口货物的成交价格产生影响。纳税义务人能证明其成交价格与同时或者大约同时发生的下列任何一款价格相近的，应视为特殊关系未对成交价格产生影响，本栏目应填报"否"，反之则填报"是"。

①向境内无特殊关系的买方出售的相同或者类似进口货物的成交价格；

②按照《中华人民共和国海关审定进出口货物完税价格办法》（以下简称《审价办法》）第二十三条的规定所确定的相同或者类似进口货物的完税价格；

③按照《审价办法》第二十五条的规定所确定的相同或者类似进口货物的完税价格。

本栏目出口货物免予填报，加工贸易及保税监管货物（内销保税货物除外）免予填报。

四十六、与货物有关的特许权使用费支付确认

填报确认买方是否存在向卖方或者有关方直接或者间接支付与进口货物有关的特许权使用费，且未包括在进口货物的实付、应付价格中。出口货物、加工贸易及保税监管货物（内销保税货物除外）免予填报。

①买方存在需向卖方或者有关方直接或者间接支付特许权使用费，且未包含在进口货物实付、应付价格中，并且符合《审价办法》第十三条的，本栏目应填报"是"。

②买方存在需向卖方或者有关方直接或者间接支付特许权使用费，且未包含在进口货物实付、应付价格中，但纳税义务人无法确认是否符合《审价办法》第十三条的，本栏目应填报"是"。

③买方存在需向卖方或者有关方直接或者间接支付特许权使用费，且未包含在进口货物实付、应付价格中，纳税义务人根据《审价办法》第十三条，可以确认需支付的特许权使用费与进口货物无关的，填报"否"。

④买方不存在向卖方或者有关方直接或者间接支付特许权使用费的，或者特许权使用费已经包含在进口货物实付、应付价格中的，填报"否"。

本栏目出口货物免予填报，加工贸易及保税监管货物（内销保税货物除外）免予填报。

四十七、自报自缴

进出口企业、单位采用"自主申报、自行缴税"（自报自缴）模式向海关申报时，填报"是"；反之，则填报"否"。

四十八、申报单位

申报单位是指向海关申报进出口货物的单位。自理报关的，本栏目填报进出口企业

的名称及编码；委托代理报关的，本栏目填报报关企业名称及编码。编码填报18位法人和其他组织统一社会信用代码。

报关人员填报在海关备案的姓名、编码、电话，并加盖申报单位印章。

四十九、海关批注及签章

供海关作业时签注。

🔍 案例分析

2023年12月，广州某公司委托广东某物流公司以市场采购方式向广州海关申报出口一票货物。

货物项申报为塑料玩偶。申报数量为970个，申报价格为1455美元。

海关查验实际数量为983个，实际价格为1474.5美元，出口货物申报不实，影响了海关统计的准确性。海关根据相关规定对其处以罚款人民币1000元整。

思考： 海关罚款的依据是什么？对我们有什么启示？

任务三　风险控制

📋 任务清单

1. 了解报关单数据填报与审核的风险管理；
2. 掌握常见报关单填报差错及原因。

📑 知识卡片

一、委托报关的风险管理

（一）客户信用评估管理

报关公司为降低不良信用客户对公司经营风险的影响，在与委托单位签订报关服务合同前，会对该委托单位或收发货人的信用情况进行评估。例如，使用国家企业信用信息公示系统、海关企业进出口信用信息公示平台等政府公示平台，以及第三方公示平台，对该委托单位或收发货人的信用情况进行查询、评估。

报关人员应按照公司相关管理要求对委托单位或收发货人的信用情况进行查询，或在收到委托单位提出的不合规要求时予以拒绝并如实反馈给公司。

（二）接受客户委托的工作流程管理

在公司的报关业务管理制度中，对接受客户委托的工作流程、工作时效有明确的要求，通常有以下三点。

1. 客观审核单证，及时反馈给委托单位

报关人员接受委托单位的报关委托后，检查报关单证的种类、数量，审核报关单证中收发货人、商品名称、规格型号、价格、成交方式、件数、重量等重要数据的一致性。

2. 重要信息确认有记录

报关人员填报报关单，除使用报关单证的数据外，还需要与委托单位进行一些重要信息的沟通和确认，如与海关监管程序相关的"监管方式"，与商品归类相关的"商品编码""商品名称""申报要素"，与审价相关的"特殊关系确认""价格影响确认""与货物有关的特许权使用费支付确认"等栏目。

3. 及时反馈检验检疫要求

对于动植物、食品、生鲜、旧机电等显而易见的法检货物，在接受委托后，报关人员及时向委托单位收集检验检疫单证资料，以降低因单证不全而产生的报关时效延误。对于其他不易辨别的检验检疫货物，报关人员应在确认商品编码后，确认其监管条件要求，并及时反馈给委托单位，为客户赢得更多的单证准备时间。

二、报关单数据填报与审核风险管理

（一）如实申报管理

进口货物的收货人、出口货物的发货人应当向海关如实申报，交验进出口许可证件和有关单证。国家限制进出口的货物，没有进出口许可证件的，不予放行，具体处理办法由国务院规定。

报关人员应按照货物实际报验状态，如实向海关申报，不伪报、瞒报。代理报关工作人员要重视客户提供原始报关单证的唯一性，不擅自修改报关单证数据。

（二）报关单复核管理

无论是应 AEO 认证标准管理要求，还是为确保报关单申报数据的准确性，报关企业或收发货人的相关部门都会建立报关单证的复核管理制度，即在报关单数据完成录入后，会安排一名工作人员初审，并安排第二名工作人员进行报关单数据复核。

（三）报关单数据的申报管理

完成以上报关单证审核工作后，报关人员按照海关要求上传随附单证，向海关申报报关单电子数据。申报后，报关人员要跟进报关数据审核、放行状态，并及时反馈给客户，使客户随时了解货物的真实通关状态。当出现报关异常问题时，报关人员要为客户讲解原因并提出解决方案，这也能体现报关人员的服务能力。

（四）报关单数据的留档管理

按照海关稽查管理要求，自进出口货物放行之日起3年或者在保税货物、减免税进口货物的海关监管期限内及其后的3年，报关企业会把报关单证、委托记录、审核记录、

重要信息确认记录建立档案，进行妥善保管，确保发生海关稽查时，提供有效工作记录。报关人员要按照公司管理要求对上述单证作留档管理。

三、常见报关单填报差错及原因

（一）单证审核程序未及时更新

报关单位的报关单证审核程序，包括单证审核流程、重要信息确认流程、审核结果的记录、单证复核程序，以及单证审核人员在相关审核程序中的责任、分工等。对报关单中影响税费缴纳、海关监管程序的重点栏目，如商品编码、商品名称、规格型号、数量、金额、包装种类等及其他检验检疫表体栏目，要作重点审核。

按照公司的单证审核程序，报关人员完成单证审核工作，由管理层定期检查相关审核记录等执行情况。如果报关公司未根据海关法规变化或公司报关业务变化，及时更新单证审核程序的工作流程，就容易出现工作流程的空白、断档，产生报关错误。只有确保审核程序与实际工作需求相符，才能够实现报关单填报质量的有效管理控制。

（二）专业技能不强、业务不熟练

在填报报关单前，报关人员应熟练掌握"报关单填报规范"的内容，对每个栏目的含义界定要相当清楚，否则概念不清，内涵及外延不能区分，往往会造成错填。

1. 监管方式错填

例如，外方赠送货物，应按"其他进出口免费"，代码为"3339"进行填报，但容易填报为"一般贸易"。

2. 征免性质错填

征免性质和监管方式、境内收发货人、备案号等有很严格的对应关系，填报的征免性质要和所填报监管方式匹配，如果概念不清，很容易填错。例如，鼓励类外商投资企业等利用投资总额外的自有资金，按照有关减免税政策进口的设备，填报进口货物报关单"征免性质"栏时，应按"自有资金"填报，不能填报为"鼓励项目"。

3. 许可证号错填

例如，错将自动进口许可证号填在许可证号栏。

4. 标记唛码及备注漏填

本栏目填报的内容非常繁杂，报关人员需要牢记不同监管方式、业务类型，填报不同的内容。例如，关联备案、关联报关单号、暂时进出货物、直接退运等业务，需要在本栏目填报不同内容。

5. 杂费错填

对杂费的概念不清，分不清哪些属于杂费，哪些属于运费。

6. 进／出境关别错填

这种情况多发生在转关货物，或者出现在不同海关特殊监管区域或保税监管场所之间调拨、转让的货物报关单的填报过程中。

7. 经停港错填

在进口货物发生转船情况时，将经停港错填为境外起始发出的港口。本栏目应按进口货物在运抵我国关境前的最后一个境外装运港填报。

8. 原产国（地区）错填

如果进口货物有2个以上国家参与生产，经常造成原产国（地区）错填。

9. 运输方式错填

填报错误多发生在无实际进出境货物于境内流转时，混淆海关规定的特殊运输方式的代码。海关现行的特殊监管区域形式很多，例如，保税区、保税物流园区、保税物流中心、保税港区等，在填报时应注意区域不同，运输方式也不同。

（三）数据与许可证件、舱单数据、原产地证书不对应

进出口货物报关单件数、毛重与舱单数据不符；许可证件中商品名称、商品编码等信息与报关单填报数据不一致；贸易协定项下联网管理的原产地证书数量、计量单位与报关单数据不一致；以上情况都会发生报关单申报数据的退单，产生差错记录。

（四）工作不细致、责任心不强

1. 报关单栏目数据填报不齐全

从对差错的统计来看，可能出现漏填的栏目有备案号、合同协议号、许可证号、集装箱号、规格型号、征免性质等10多项。在填报时应该逐项填报，出现漏填项目是比较简单低级的失误。

2. 报关单栏目数据填报差错

由于工作不认真、马虎造成的填写错误，在报关单的任何栏目都可能发生，表现为数据错误、数字颠倒、字母颠倒、数据不符等，其中监管方式、征免性质、数（重）量、商品名称、规格型号及运输方式、运费、保费、单价、总价、许可证号等栏目错填的影响较大。举例如下：

币制差错。日元错填成美元，如果数值较大，海关将视之为重大统计差错，可能引起海关行政处罚或降低企业信用管理等级的风险。

数量、总价等数值差错。数量、总价填报错误和币制填报错误一样，均可能引起处罚及降低企业信用管理等级。

（五）其他原因

如果预录入人员与报关单审核人员为不同岗位，报关单核对联申报前，已由审核人员复核出差错并进行标记，但预录入人员未更改即发送申报数据，会造成报关单错误。

收发货人的加工贸易手册超期未核、手册超量导致报关单发送后退单，产生错误记录。此类情况，因进出口企业手册管理不完善，造成手册超期未核，或者由于某项商品进口超量等引起。

报关单填报出现错误，会引起海关计税错误，影响海关贸易管制与准确统计；会因报关单的修改或撤销而增加工作量，延缓海关正常放行速度；会造成委托人无法提取货物，舱单无法核销，影响企业收付汇、出口退税、加工贸易手册及时核销等工作；甚至会发生行政处罚，降低企业信用资质。

项目实训

深圳市华商联进出口贸易有限公司在办理一票网络电视棒的出口报关事宜。请你根据所给材料填制出口报关单，见图6-5至图6-8。

深圳市华商联进出口贸易有限公司

海关代码：4403660079

信用代码：9144030035998697X7

【货物信息】

我司与香港客商签订购销合同，以一般贸易的监管方式出口一批网络电视棒。货物从深圳宝安国际机场启运，目的地新加坡。

出境关别：深机场关

空运单号：29112431694

货物描述

用途：播放网络节目用

功能：接收、转换、发送无线信号

使用网络：无线网络

品牌：无牌

型号：Z-24A型

包装：再生木托

境内货源地：深圳特区

图6-5　货物信息

订 购 合 同
PURCHASE CONTRACT

卖方(SELLER):深圳市华商联进出口贸易有限公司
深圳市南山区物流园区物流大厦

合同号(C/NO.): 111703C
签约日期(Date): 2024-02-25
地点: SHENZHEN, CHINA

买方(BUYER): ZCX H.K. LIMITED

兹经买卖双方同意按照以下的条款由买方购进卖方售出以下商品:

This Contract is made by and between the Buyer and the Seller whereby the Buyer agrees to buy and the Seller agrees to sell the under-mentioned goods subject to the terms and conditions as stipulated hereinafter:

(1) 商品名称及规格(Name of Commodity and Specification):

Item NO.	H.S. CODE NO.	DESCRIPTION	QTY. (台)	UNIT PRC.	AMT. (CNY)
1	8517629900	网络电视棒	4,000	62.82	251,280.00
2					
3					
4					
5					
TOTAL:					251,280.00

(2) 价格条件(Price Condition): FOB SHENZHEN

(3) 包装(Packing): PALLET

(4) 生产国家及制造厂商(Country of Origin & Manufacturer): CHINA

(5) 付款条件(Terms of Payment): T/T

(6) 保险(Insurance): To be covered by the BUYER

(7) 装运时间(Time of Shipment): BEFORE 2024-11-02

(8) 装运口岸(Port of Loading): SHENZHEN AIRPORT

(9) 目的口岸(Port of Destination): SINGAPORE

(10) 装运唛头[Shipping Mark(s)]: BY SELLER'S OPTION

每件货物上应列明到货口岸、件号、每件毛重及净重、尺码及上列唛头（如系危险及/或有毒货物，应按惯例在每件货物上明显列出有关标记及性质说明）。

Each package shall be marked with the port of destination, package number, gross and net weight per piece, mesurement, and the aforementioned shipping marks (for dangerous and/or toxic goods, relevant markings and descriptions of their nature shall be conspicuously displayed on each package in accordance with customary practice).

(11) 其他条款：本合同以中文及英文两种文字说明，两种文字的条款具有同等效力。

Other Terms: This Contract is made in both Chinese and English. Both language versions shall have equal legal effect.

(12) 附加条款（本合同其他任何条款如与本附加条款有抵触，以本附加条款为准。双方都认可的有关电传、电报等书面材料也可构成本条款的一部分。）

Supplementary Condition(s) [Should any other clause in this Contract be in conflict with the following Condition(s), the Supplementary Condition(s) should be taken as final and binding. Fax, cable and other papers, which both parties agreed, will constitute part of this clause.]

买方
THE BUYER

卖方
THE SELLER

图6-6　订购合同

SHENZHEN HSL Import & Export Trade CO., LTD

Nanshan District, Shenzhen TEL: 86-0755-82070000 FAX: 86-0755-82080000

发　票
INVOICE

To Messrs.
ZCX H.K. LIMITED

Tel: Fax:

Date　　2024-03-03
Invoice No. 111703C

Payment term: T/T　　　　　　　　　　　Price condition:　FOB SHENZHEN
From:　　　　SHENZHEN　　　　　　　To:　　　　SINGAPORE

Item NO.	DESCRIPTION	MODEL NO.	QTY. (台)	UNIT PRC.	AMT. (CNY)
1	网络电视棒	Z-24A	4,000.0000	62.82	251,280.00
2					
3					
4					
5					
TOTAL:			4,000.0000		251,280.00

图6-7　发票

SHENZHEN HSL Import & Export Trade CO., LTD

Nanshan District, Shenzhen TEL: 86-0755-82070000 FAX: 86-0755-82080000

装箱单
PACKING LIST

PL No.:　　111703C

Date: 03-Mar-24
Page: 1

DESCRIPTION	QTY. (台)	PACKAGE PALLET	G.W. (KGS)	N.W. (KGS)	Container No.
网络电视棒	4,000	3	969.0000	692.0000	
TOTAL:	4,000	3	969.0000	692.0000	

图6-8　装箱单

项目测试

中国甲公司（卖方）与德国乙公司（买方）在签订的服装买卖合同中使用了"CIP 汉堡"贸易术语，甲公司委托上海丙（国际货代）公司办理通关、物流工作。

请根据资料完成下面的题目（不定项选择）。

1.丙公司在接单后需要做的工作有（　　）。

A.获取发票、装箱单、合同等单证

B.获取商品信息，对该批服装进行商品归类

C.根据甲方要求租船订舱

D.整理报关单证并审核

2.甲公司出口服装的总价为15000美元，其中运费为3000美元，保险费为225美元，报关单的成交方式、运费、保费栏目应填报为（　　）。

A.成交方式：CIF；运费：为空；保费：为空

B.成交方式：CIF；运费：美元／3000/3；保费：美元／225/3

C.成交方式：FOB；运费：为空；保费：为空

D.成交方式：FOB；运费：美元／3000/3；保费：美元／225/3

3.报关随附单证内容一致性的审核包括（　　）。

A.货物金额、币制是否一致

B.货物数量是否一致

C.货物品名是否一致

D.单证抬头是否一致

4.若甲公司已经在上海海关办理了集中申报备案手续，该批出口服装装船日期为8月15日，则最迟应于（　　）前将货物运抵上海海关监管区，并对1个月内以集中申报清单申报的数据进行归并，填制出口货物报关单，在（　　）之前到上海海关办理集中申报手续。

A.8月14日、9月10日

B.8月14日、9月30日

C.8月13日、9月10日

D.8月13日、9月30日

5.在海关查验工作中，海关发现出口服装印制了某知名品牌的商标，该商标已在海关做了知识产权备案，甲公司需要向海关提供（　　）。

A.知识产权权利人的商标使用授权等相关证明

B.商品成交价格的说明

C.相关机构出具的商品的品质证明

D.商品成分、含量说明

6.若该批出口服装放行后，由于配载原因，部分服装需要变更运输工具，则丙公司需要立即准备（　　）材料。

A.承运人证明

B.出口货物直接退运表

C.退关、变更运输工具证明

D.进出口货物报关单修改／撤销表

✐项目测试

项目七 税费核算

知识目标

▲ 了解关税的不同种类及含义；
▲ 掌握进出口税费核算种类；
▲ 掌握进出口税费核算步骤及方法。

技能目标

▲ 能运用公式准确核算消费税与增值税；
▲ 能准确计算滞报金与滞纳金。

素养目标

▲ 树立和培养依法纳税、诚信纳税和税法遵从意识；
▲ 具备严谨的逻辑思维和税费核算能力。

▶ 项目背景

浙江陆港进出口贸易公司从欧洲进口的葡萄酒、饼干和菜籽油等货物，入境后存放在义乌综合保税区内。这批进口货物需要缴纳进口关税，小温查询相关资料，学习并掌握税费计算知识。

任 务 进出口税费核算

任务清单

1. 能准确核算进口和出口关税；
2. 掌握进口环节代征税的计算；
3. 掌握滞报金和滞纳金的计算。

知识卡片

进口关税核算主要涉及正税及附加税。按照《税则》公布的税率计算得出税额，称为正税计算，有从量、从价、复合等不同计算方法。针对某些特殊情况临时加征规定计算得出税额，称为附加税计算，包括反倾销税、反补贴税、特别关税、报复性关税的计算。在核算进口关税正税及进口环节海关代征税时，所涉及的关税及代征税税率一般可依据《税则》所示确定，个别情况除外。进口正税是税款核算的主要方面，进口附加税及出口关税的核算仅在某些特殊情况下进行。税款核算中，从价计征方式是目前我国绝大多数进出口货物征纳进出口税所使用的方法，使用频率较高。

按组成的计税价格划分，关税及代征税又可分为价内税和价外税。如果组成的计税价格不包含其本身，称为价外税，如关税和增值税；如果组成的计税价格包含其本身，称为价内税，如消费税。把握价内税和价外税的区别，有利于我们准确计算税款。进出口税费核算中完税价格（或数量）和税率（或单位税额）的确定是基础，正确使用公式进行计算是关键。

进出口货物完税价格、进出口关税、进口环节代征税一律以人民币计征，均采用四舍五入方法计算至分。

一、进口关税的核算

（一）从价税

国内某公司于2024年2月购进德国产模压成型机1台，申报价格为FOB汉堡1100000欧元。已知运费3000欧元，保险费率2.5‰，适用的外汇折算价为1欧元＝7.6338元人民币，计算应征进口关税。

1. 作业程序

①根据审定完税价格办法的有关规定，确定应税货物的CIF价格。

②按照归类原则将应税货物归入适当的税号。

③根据原产地规则和税率适用规定，确定应税货物所适用的税率。

④根据汇率适用规定，将以外币计价的CIF价格折算成人民币（完税价格）。

⑤按照计算公式正确计算应缴税款。

2. 计算公式

进口关税计算公式为：

$$进口关税税额 = 进口货物完税价格 \times 进口从价关税税率$$

其中，各种贸易术语项下关税的计算公式具体如下。

①进口货物完税价格使用CIF贸易术语成交并经海关审定的，计算公式为：

$$进口关税税额 = CIF \times 进口从价关税税率$$

②进口货物完税价格使用FOB贸易术语成交并经海关审定的，计算公式为：

$$进口关税税额 = （FOB + 运输及相关费用 + 保险费）\times 进口从价关税税率$$

③进口货物完税价格使用CFR贸易术语成交并经海关审定的，计算公式为：

$$进口关税税额 = （CFR + 保险费）× 进口从价关税税率$$

$$或CFR ÷ （1 - 保险费率）× 进口从价关税税率$$

3. 计算过程

①运用进口货物完税价格审定的方法，结合合同及发票内容按照成交价格的定义及条件所述要求对申报价格全面进行审查认定。经审查未发现不符合成交价格规定情形的，按照成交价格估价方法确定完税价格，按公式折算，审定CIF价格：

$$CIF价格 = （1100000 + 3000）÷ （1 - 2.5‰）= 1105764.41（欧元）$$

②按照归类总规则相关规定，确定模压成型机税则归类，归入税则号列84748020。

③在该案例中，货物原产国为德国。经查询，《税则》无原产自德国货物的协定税率设置，也未设有暂定税率。查询相应反制措施文件，该产品无反倾销、反补贴等特殊措施。德国为世界贸易组织成员，在可选择的普通税率与最惠国税率中，应适用最惠国税率，其关税税率为5%。

④根据汇率适用规定，应按照税率适用日期确定汇率适用日期，最终确定完税价格：

$$完税价格 = 1105764.41 × 7.6338 = 8441184.35（元人民币）$$

⑤按照公式计算应缴税款：

$$应征进口关税税额 = 完税价格 × 关税税率 = 8441184.35 × 5\% = 422059.22（元人民币）$$

（二）从量税

国内某公司于2023年9月进口日本产彩色摄影用胶片（宽度不超过16毫米）61820平方米，成交价格为CIF境内某口岸602日元／平方米。已知适用的外汇折算价为1日元 = 0.0476元人民币，计算应征进口关税。

1. 作业程序

①按照归类原则将应税货物归入适当的税号。

②根据原产地规则和税率适用规定，确定应税货物所适用的税率。

③确定其实际进口量。

④如需计征进口环节代征税，根据审定完税价格的有关规定，确定应税货物的CIF价格。

⑤根据汇率适用规定，将外币计价的CIF价格折算成人民币（完税价格）。

⑥按照计算公式正确计算应缴税款。

2. 计算公式

从量税计算公式为：

$$应征税额 = 进口货物数量 × 单位税额$$

3. 计算过程

①按照归类总规则相关规定，确定彩色胶片归入税则号列37025200。

②经查询《税则》，彩色胶片适用从量关税。原产日本货物无协定税率设置，该商品也未设有暂定税率。查询相应反制措施文件，该产品无反倾销、反补贴等特殊措施。日本为世界贸易组织成员，在可选择的从量普通税率与最惠国税率中，应适用最惠国税率，其税率为91.00元／平方米。

③根据相关单证，确定其实际进口量为61820平方米。

④按照公式计算应征关税税款：

应征进口关税税额＝货物数量×税率＝61820×91.00＝5625620.00（元人民币）

（三）复合关税

国内某公司于2024年6月进口日本产非特种用途广播级电视摄像机100台，其中有20台成交价格为CIF境内某口岸4900.00美元/台，其余80台成交价格为CIF境内某口岸5800.00美元/台。已知适用的外汇折算价为1美元=7.26元人民币，计算应征进口关税。

1. 作业程序

①根据审定完税价格的有关规定，确定应税货物的CIF价格。

②按照归类原则将应税货物归入适当的税则号列。

③根据原产地规则和税率适用规定，确定应税货物所适用的税率及单位税额。

④确定其实际进口量。

⑤根据汇率适用规定，将外币折算成人民币（完税价格）。

⑥按照计算公式正确计算应缴税款。

2. 计算公式

复合关税计算公式为：

应征税额＝进口货物数量×单位税额+进口货物完税价格×进口从价税税率

3. 计算过程

①按照归类总规则相关规定，确定该批广播级电视摄像机归入税则号列85258912。

②货物适用复合税率。原产国为日本，适用协定税率，经查关税税率为31.8%或完税价格不高于5000.00美元/台的，关税税率为单一从价税率130%；完税价格高于5000.00美元/台的，关税税率为6%，每台加5150.00元从量税，从低执行。对价格低于5000.00美元/台的，从低适用31.8%关税。对价格高于5000.00美元/台的，按照130%和复合税率计算后的税款，从低选择适用税率。

③审定CIF价格分别合计为98000.00美元（20台×4900.00美元）和464000.00美元（80台×5800.00美元）。

④根据汇率适用规定，确定完税价格：

$$完税价格1 = 98000.00 \times 7.26 = 711480.00（元人民币）$$

$$完税价格2 = 464000.00 \times 7.26 = 3368640.00（元人民币）$$

⑤按照计算公式分别计算进口关税税款：

A. 对20台单价低于5000.00美元/台的摄像机从低适用31.8%税率

$$20台单一从价进口关税税额 = 完税价格 \times 关税税率$$

$$= 711480.00 \times 31.8\%$$

$$= 226250.64（元人民币）$$

B. 对80台单价高于5000.00美元/台的摄像机的税率计算后从低适用

$$80台复合税计征方式进口关税税额 = 货物数量 \times 单位税额 + 完税价格 \times 关税税率$$

$$= 80 \times 5150.00 + 3368640.00 \times 6\%$$

$$= 412000.00 + 202118.40$$

$$= 614118.40（元人民币）$$

$$80台从价计征进口关税税额 = 完税价格 \times 关税税率$$

$$= 3368640.00 \times 130\%$$

$$= 4379232.00（元人民币）$$

C. 100台合计进口关税税额

$$100台合计进口关税税额 = 20台从价进口关税税额 + 80台从价进口关税税额$$

$$= 226250.64 + 614118.40$$

$$= 840369.04（元人民币）$$

（四）反倾销税

国内某公司于2024年3月从韩国LG化学株式会社购进双酚A一批，成交总价为CIF国内某口岸483360.00美元。已知该货物需要征收反倾销税，适用的外汇折算价为1美元=7.2695元人民币，计算应征的反倾销税税款。

1. 作业程序

①根据审定完税价格的有关规定，确定应税货物的CIF价格。

②按照归类原则将应税货物归入适当的税则号列。

③根据反倾销税有关规定，确定应税货物所适用的反倾销税税率。

④根据汇率适用规定，将外币折算成人民币（完税价格）。

⑤按照计算公式正确计算应征反倾销税税款。

2. 计算公式

反倾销税计算公式为：

$$反倾销税税额 = 完税价格 \times 反倾销税税率$$

3. 计算过程

①运用进口货物完税价格审定的方法，结合合同及发票内容，按照成交价格的定义及条件所述要求对申报价格进行全面审查认定。经审查未发现不符合成交价格规定情形的，按照成交价格方法确定完税价格，审定CIF价格为483360.00美元。

②按照归类总规则相关规定，确定该货物归入税则号列29072300。

③在该案例中，经查询相关反制措施文件，对韩国产双酚A征收反倾销税，韩国LG化学株式会社所产货物对应反倾销税税率为4.7%。

④根据汇率适用规定，应按照税率适用日期确定汇率适用日期，完税价格为：

$$完税价格 = 483360.00 \times 7.2695 = 3513785.52（元人民币）$$

⑤按照公式计算应缴税款：

$$反倾销税税额 = 完税价格 \times 反倾销税税率 = 3513785.52 \times 4.7\% = 165147.92（元人民币）$$

反补贴税、保障措施关税、报复性关税等其他附加税征收程序及方法与反倾销税征收程序及方法大致相同。

二、进口环节海关代征税的核算

（一）进口环节消费税

国内某公司于2023年8月进口俄罗斯产伏特加酒600瓶（单瓶酒容量为1000毫升），成交价格为CIF国内某口岸18.00美元／瓶。假设适用的外汇折算价为1美元 = 7.2845元人民币，计算应征的进口环节消费税税款。

1. 作业程序

①根据审定完税价格的有关规定，确定应税货物的CIF价格。

②按照归类原则确定税则归类，将应税货物归入适当的税则号列。

③根据原产地规则和税率适用规定，确定应税货物所适用的关税税率、消费税税率。

④根据汇率适用规定，将外币折算成人民币（完税价格）。

⑤按照计算公式正确计算关税税款。

⑥按照计算公式正确计算消费税税款。

2. 计算公式

①实行从价定率办法计算纳税额，采用价内税的计税方法，即计税价格的组成中包括消费税税额。其计算公式为：

$$消费税应纳税额 = 消费税组成计税价格 \times 消费税比例税率$$

其中：

$$消费税组成计税价格 = （关税完税价格 + 关税税额） \div （1 - 消费税比例税率）$$

②从量征收的消费税的计算公式为：

$$消费税应纳税额 = 应征消费税进口数量 \times 消费税定额税率$$

③实行从价定率和从量定额复合计税办法计算纳税的组成计税价格，其计算公式为：

$$消费税应纳税额 = 消费税组成计税价格 \times 消费税比例税率 + 应征消费税进口数量 \times 消费税定额税率$$

其中：

$$消费税组成计税价格 = （关税完税价格 + 关税税额 + 应征消费税进口数量 \times 消费税定额税率）÷ （1 - 消费税比例税率）$$

3. 计算过程

①运用进口货物完税价格审定的方法，结合合同及发票内容，按照成交价格的定义及条件所述要求全面对申报价格进行审查认定。经审查未发现不符合成交价格规定情形的，按照成交价格方法确定完税价格，审定CIF总价格：

$$CIF价格 = 18.00 \times 600 = 10800.00（美元）$$

②按照归类总规则相关规定，确定该货物归入税则号列22086000。

③在该案例中，货物原产国为俄罗斯。经查询《税则》，该货物税号除正常征收从价关税及进口环节海关代征增值税外，还应征收消费税且采用复合计税方式征收。俄罗斯与我国尚未签署优惠贸易协定因而无协定税率，且该产品无反倾销、反补贴等特殊措施，无附加税征收，也无暂定税率设置，排除普通税率后应适用10%最惠国税率，并征收复合消费税（20%从价消费税税率、0.912元/升从量消费税）。

④根据汇率适用规定，计算完税价格：

$$完税价格 = 10800.00 \times 7.2845 = 78672.60（元人民币）$$

⑤计算关税税额：

$$应征关税税额 = 关税完税价格 \times 关税税率 = 78672.60 \times 10\% = 7867.26（元人民币）$$

⑥复合方式计算消费税税额：

$$消费税应纳税额 = 消费税组成计税价格 \times 消费税比例税率 + 应征消费税进口数量 \times 消费税定额税率$$

其中：

$$应征消费税进口数量 \times 消费税定额税率 = 600 \times 1 \times 0.912 = 547.20（元人民币）$$

$$消费税组成计税价格 = （关税完税价格 + 关税税额 + 应征消费税进口数量 \times 消费税定额税率）÷ （1 - 消费税比例税率）$$

$$= （78672.60 + 7867.26 + 547.20）÷ （1 - 20\%）$$

$$= 108858.83（元人民币）$$

由此：

$$消费税应纳税额 = 消费税组成计税价格 \times 消费税比例税率 + 应征消费税进口数量 \times 消费$$

$$税定额税率 = 108858.83 \times 20\% + 547.20 = 22318.97（元人民币）$$

（二）进口环节增值税

国内某公司于2023年10月进口德国产排量为6.0升的汽油动力四轮驱动越野车3台，经海关审核其成交价格总值为CIF境内某口岸460000.00欧元。假设其适用的外汇折算价为1欧元 = 7.6元人民币，计算应征增值税税额。

1. 作业程序

①根据审定完税价格办法的有关规定，确定应税货物的CIF价格。

②按照归类原则确定税则归类，将应税货物归入适当的税则号列。

③根据原产地规则和税率适用规定，确定应税货物所适用的关税税率、消费税税率及增值税税率。

④根据汇率适用规定，将外币折算成人民币（完税价格）。

⑤按照计算公式正确计算关税税额。

⑥按照计算公式正确计算消费税税额。

⑦按照计算公式正确计算增值税税额。

2. 计算公式

①进口关税计算公式为：

$$进口关税税额 = 进口货物完税价格 \times 进口从价关税税率$$

②消费税相关计算公式为：

$$消费税税额 = 消费税组成计税价格 \times 消费税比例税率$$

其中：

$$消费税组成计税价格 = （关税完税价格 + 关税税额） \div （1 - 消费税比例税率）$$

③增值税相关计算公式为：

$$增值税应纳税额 = 增值税组成计税价格 \times 增值税税率$$

其中：

$$增值税组成计税价格 = 关税完税价格 + 关税税额 + 消费税税额$$

3. 计算过程

增值税的计算需要首先计算关税税额，之后计算消费税税额，最后计算增值税税额。

①运用进口货物完税价格审定的方法，结合合同及发票内容，按照成交价格的定义及条件所述要求对申报价格进行全面审查认定。经审查未发现不符合成交价格规定情形的，按照成交价格方法确定完税价格，审定CIF价格为460000.00欧元。

②按照归类总规则相关规定，确定该货物归入税则号列87032422.10。

③该案例中，货物原产国为德国。经查询《税则》，该货物关税、进口环节代征消费税及增值税均按从价方式征收。德国与我国尚未签署优惠贸易协定，无协定税率，且该

产品无反倾销、反补贴等特殊措施，无附加税征收，也无暂定税率设置，排除普通税率后应适用15%最惠国税率，对应6.0升排气量的消费税税率为40%，增值税税率为13%。

④根据汇率适用规定，应按照税率适用日期确定汇率适用日期，最终计算完税价格：

$$完税价格 = 460000.00 × 7.6 = 3496000.00（元人民币）$$

⑤计算关税税额：

$$应征关税税额 = 关税完税价格 × 关税税率$$
$$= 3496000.00 × 15\%$$
$$= 524400.00（元人民币）$$

⑥计算消费税税额：

$$应征消费税税额 = [（关税完税价格 + 关税税额）÷（1 - 消费税税率）] × 消费税税率$$
$$= [（3496000.00 + 524400.00）÷（1 - 40\%）] × 40\%$$
$$= 6700666.67 × 40\%$$
$$= 2680266.67（元人民币）$$

⑦计算增值税税额：

$$应征增值税税额 =（关税完税价格 + 关税税额 + 消费税税额）× 增值税税率$$
$$=（3496000.00 + 524400.00 + 2680266.67）× 13\%$$
$$= 6700666.67 × 13\%$$
$$= 871086.67（元人民币）$$

三、进口关税及代征税的合并核算

前文对进口关税及进口环节代征税税款的核算采取分步计算的方式，实际上在日常工作中，对进口应税货物最常见的税款核算方式是合并计算，即通过税率常数公式（常数在小数点后保留4位尾数，第5位四舍五入）计算出综合税率，然后进一步计算出应缴的关税及进口环节代征税税额总和。

需要注意，此处的关税仅指关税正税税额，不包括附加关税税额，如遇有征收附加关税的情况，仍需分步计算各税种税款，最终累加得出全部应缴税款。

其中，对于不征收消费税的商品，在确定好该商品的关税税率和增值税税率后，采用以下常数计算公式：

$$常数 = 进口关税税率 + 增值税税率 + 进口关税税率 × 增值税税率$$

之后用进口货物完税价格乘以该常数即为应缴进口全部税额。

对于应征消费税商品，在确定好该商品的关税税率和增值税税率后，采用以下常数计算公式：

$$常数 =（进口关税税率 + 消费税税率 + 增值税税率 + 进口关税税率 × 增值税税率）÷$$

（1－消费税税率）

之后用进口货物完税价格乘以该常数即为应缴进口全部税额。同理，在税款核算时也可以通过查找《中华人民共和国进出口税则对照使用手册》常数附表确定综合税率。在通过常数附表确定税率时，选取关税及代征税税率交叉栏内的常数，用进口货物完税价格乘以该常数即为应缴进口全部税额。

（一）非海关特殊监管区域及保税监管场所内的来料加工保税料件内销

某企业于2023年3月向海关申请内销来料加工手册进口的聚氯乙烯树脂，合计100吨。该批料件是2022年9月多批次进口，原报关单申报价格从CIF 902.00美元／吨至CIF 960.00美元／吨不等。同期一般贸易形式进口韩国原产该货物价格为CIF 1110.00美元／吨，以进料加工方式进口该货物价格为CIF 940.00美元／吨至CIF 1000.00美元／吨不等。企业于2023年3月11日内销时，韩国原产的一般贸易形式成交的货物价格为CIF 1140.00美元／吨，以进料加工方式进口该货物价格为CIF 930.00美元至CIF 1000.00美元／吨不等。企业无法提供原产地证书。假设2023年3月汇率为1美元＝7.26元人民币，2022年9月汇率为1美元＝7.28元人民币，计算该企业应缴税款。

1. 作业程序

①根据审定完税价格办法的有关规定，确定应税货物的CIF价格。

②按照归类原则将应税货物归入适当的税则号列。

③根据税率有关规定，确定应税货物所适用的关税及代征税率。

④根据汇率适用规定，将外币折算成人民币（完税价格）。

⑤正确计算税款。

2. 计算公式

全部应缴税款计算公式为：

$$应缴税额 ＝ 完税价格 \times 常数$$

3. 计算过程

①案例中内销货物为来料加工项下的料件，按照规定，来料加工料件内销时，以内销申报的同时或者大约同时进口的与内销料件相同或者类似的保税货物的进口成交价格为基础审查确定完税价格。企业内销申报时间为2023年3月11日，企业2022年原进口时间申报价格及其他价格均可以不再考虑。2023年3月内销时对应有一般贸易货物价格（CIF 1140.00美元／吨）及进料加工货物价格（CIF 930.00美元／吨至CIF 1000.00美元／吨），一般贸易价格也可以剔除，仅需要在CIF 930.00美元／吨至CIF 1000.00美元／吨的区间价格中考虑。如果企业能够说明与外方是长期合作关系，对大客户有一定的优惠价格，以及价格没有受到买卖双方特殊关系的影响等情况，则可以按照CIF 930.00美元／吨的价格为基础确定完税价格，审定CIF价格：价格＝930.00×100＝93000.00（美元）。

②按照归类总规则相关规定，确定该货物归入税则号列39041010。

③来料加工内销货物适用内销时税率。经对照《税则》，该商品2023年进口从价税最惠国税率为6.5%，普通税率为45%，亚太贸易协定税率为4.2%，中韩自贸协定税率为4.8%，增值税税率为16%，无消费税。根据题干所示，鉴于内销企业无法提供享受较低协定税率的文件，应按照6.5%最惠国税率确定关税征收比例。另外，经查询海关总署或商务部网站信息，内销货物未实施贸易救济措施。

④根据汇率适用规定，应采用2023年3月汇率，完税价格为：

$$完税价格 = 93000.00 \times 7.26 = 675180.00（元人民币）$$

⑤计算税款：

$$全部应缴税额 = 完税价格 \times 常数 = 675180.00 \times 0.2354 = 158937.37（元人民币）$$

其中：

$$常数 = 0.065 + 0.16 + 0.065 \times 0.16 = 0.2354$$

（二）暂时进出境货物

2023年6月4日，某单位以暂时进出口方式进口日本产推土机用于工程施工，经海关审核同意在6个月内返回境外，货物于当日凭规定金额的担保放行。因工程进度低于预期，经进口单位申请，海关同意延期6个月。企业于2024年1月31日将原货物复运出境，2024年2月4日，该企业凭施工机械复运出境报关单向海关申请核销担保。已知该机械税则号列为84291110，总价为CIF 2万美元，2023年和2024年对应最惠国税率均为7%，普通税率为30%，增值税税率为16%，无优惠税率设置，无贸易救济措施实施。设2023年6月汇率为1美元 = 7.30元人民币，2024年1月汇率为1美元 = 7.28元人民币，2024年2月汇率为1美元 = 7.27元人民币，该进口单位是否应缴纳税款？如需缴纳，计算应缴金额。

1. 作业程序

①根据审定完税价格办法的有关规定，确定应税货物的CIF价格。

②按照归类原则将应税货物归入适当的税则号列。

③根据税率有关规定，确定应税货物所适用的关税及代征税率。

④根据汇率适用规定，将外币折算成人民币（完税价格）。

⑤根据《中华人民共和国海关进出口货物征税管理办法》（以下简称《征税管理办法》）确定该种特殊进出口货物的税收征管措施。

⑥正确计算税款。

2. 计算公式

进口时涉及征税的暂时进出境货物，计征税款的期限为60个月。不足1个月但超过15天的，按1个月计征；不超过15天的，免予计征。计征税款的期限自货物放行之日起计算。

按月征收税款的计算公式为：

$$每月关税税额 = 关税总额 \times 1/60$$
$$每月进口环节代征税税额 = 进口环节代征税总额 \times 1/60$$

3. 计算过程

①暂时进境货物在申报进口环节，因涉及担保放行，均需按照正常进出口货物审定其完税价格并核算担保金额；涉及《关税法》第42条所列9类之外的货物需依规缴税。按照题干提示，经审定本次进口货物价格为CIF 2万美元。

②按照题干提示，该货物归入税则号列84291110。

③该货物2023年和2024年对应最惠国税率均为7%，普通税率为30%，增值税税率为16%，无优惠税率设置，无贸易救济措施实施。按照《关税法》第42条所列9类之外的暂时进出境货物征税时，接受货物申报进境之日的税率适用的规定，关税税率应适用2023年对应的7%最惠国税率，增值税税率为16%。

④按照汇率应与税率适用日期一致的规定，适用于2023年6月对应的汇率，完税价格为：

$$完税价格 = 20000.00 \times 7.30 = 146000.00（元人民币）$$

⑤按照《中华人民共和国海关事务担保条例》，暂时进出境货物属于特定海关业务，需要按照海关规定提供担保方可放行货物。依据《关税法》规定，进出境货物不属于商业用途的，进口时可暂不予征税；暂时进出境货物需要根据境内停留的时间按月征税或期满复运出境时一并征税。

以上货物在海关规定的期限内原货复运进出境后均可凭企业申请核销原税款担保。该进口机械用于工程施工，明显属于商业用途，应予征税。按照《关税法》，核算暂时进出境货物税款时有两种方式：一是按照审定进出口货物完税价格规定和海关接受该货物申报进出境之日适用的计征汇率、税率，按月征收税款；二是在规定期限内货物复运出境时一并计算应缴的税款。因该货物未采用按月征税的方式，需要在货物出境时办理一次性缴税手续。企业于2024年1月31日将施工机械复运出境，在境内期间共使用7个月零28天，按照计算公式合计8个月的计税期。

⑥计算税款：

$$关税及代征税在境内8个月时间应纳税总额 = 关税及代征税总额 \times 8/60$$
$$= 35215.20 \times 8/60$$
$$= 4695.36（元人民币）$$

其中：

$$关税及代征税总额 = 完税价格 \times 常数$$

$$= 146000.00 \times 0.2412$$
$$= 35215.20 （元人民币）$$
$$常数 = 0.07 + 0.16 + 0.07 \times 0.16 = 0.2412$$

（三）租赁进口货物

2023年1月5日，某单位以租赁进口方式进口挪威籍拖船用于海上作业。相关资料显示，拖船租赁期为12个月，租金总价10万欧元，一次性付清租金，无利息费用支付。拖船CIF总价75万欧元。设2023年1月汇率为1欧元 = 7.6元人民币，计算应缴纳税款。

1. 作业程序

①根据审定完税价格办法的有关规定，确定拖船租金是否符合相关规定。

②按照归类原则将应税货物归入适当的税则号列。

③根据税率有关规定，确定应税货物所适用的关税及代征税率。

④根据汇率适用规定，将外币折算成人民币（完税价格）。

⑤根据《征税管理办法》确定该种特殊进出口货物的税收征管措施。

⑥正确计算税款。

2. 计算公式

全部应缴税款计算公式为：

$$应缴税额 = 完税价格 \times 常数$$

3. 计算过程

①该拖船年租金为10万欧元，CIF总价为75万欧元。我国对船舶规定的折旧期为10年，但船舶实际使用期限一般均远超10年。海关对租金金额应予认可，不会提出异议。按照《审价办法》规定，租赁货物应以租赁期间支付的租金为完税价格。

②按照归类总规则相关规定，确定该货物归入税则号列89040000。

③经查阅《税则》，该商品进口从价税最惠国税率为9%，普通税率为14%，增值税税率为16%，无消费税，无优惠税率设置，无贸易救济措施实施。挪威为世界贸易组织成员，应适用9%的最惠国税率。

④根据汇率适用规定，完税价格为：

$$完税价格 = 100000.00 \times 7.6 = 760000.00 （元人民币）$$

⑤计算税款：

$$全部应缴税额 = 完税价格 \times 常数 = 760000.00 \times 0.2644 = 200944.00 （元人民币）$$

其中：

$$常数 = 0.09 + 0.16 + 0.09 \times 0.16 = 0.2644$$

（四）出境维修复运进境货物

2023年6月10日，某单位以修理物品方式将原从韩国进口的工件夹具申报出境修理，出口单位提供保证函保证货物在2023年7月10日前返回。出境申报时，出口单位提供了原货物进口报关单（进口日期为2023年5月20日）以及含有保修条款的原货物进口合同。进口报关单显示工件夹具税则号列为84661000，CIF总价1万美元。原进口合同显示工件夹具在1年内予以免费维修。2023年7月25日，出口单位申报该维修货物进境。在2023年7月10日前的担保期限内，出口单位未向海关说明情况并申请延期。设2023年7月汇率为1美元＝7.28元人民币，出口单位是否需要缴纳税款？如需缴纳，计算税款金额。

1. 作业程序

①根据审定完税价格办法的有关规定，确定维修费用。

②按照归类原则将应税货物归入适当的税则号列。

③根据税率有关规定，确定应税货物所适用的关税及代征税率。

④根据汇率适用规定，将外币折算成人民币（完税价格）。

⑤根据《征税管理办法》确定该种特殊进出口货物的税收征管措施。

⑥正确计算税款。

2. 计算公式

全部应缴税款计算公式为：

$$应缴税额 = 完税价格 \times 常数$$

3. 计算过程

①《审价办法》规定，运往境外修理的机械器具、运输工具或者其他货物，出境时已向海关报明，并在海关规定的期限内复运进境的，以境外修理费和料件费为基础审查确定完税价格。该工件夹具在合同规定的保修期内，免费保修期间的出境修理行为可以享受免税待遇，无须确定修理及料件费用。但出口单位维修货物实际复运进境日期超过了原担保时限且未在规定时限前提出延期申请的行为，违反了海关对出境修理货物管理的程序性规定。对超过规定时限进境的，完税价格应按照一般进出口货物审价方式确定。原工件夹具进口报关单显示价值为CIF 1万美元。经审核，该价格符合一般进出口货物的审价原则。

②按照归类总规则相关规定及原进口报关单所示，确定该货物归入税则号列84661000。

③出境修理货物复运进境时，按照海关接受该货物申报之日适用的计征税率。经查阅《税则》，该商品进口从价税最惠国税率为7%，普通税率为17%，增值税税率为16%，无消费税。无优惠税率设置，无贸易救济措施实施。韩国为世界贸易组织成员，应适用7%的最惠国税率。

④根据汇率适用规定，应适用2023年7月汇率。完税价格为：

$$完税价格 = 10000.00 \times 7.28 = 72800.00（元人民币）$$

⑤计算税款：

$$全部应缴税额 = 完税价格 \times 常数 = 72800.00 \times 0.2412 = 17559.36（元人民币）$$

其中：

$$常数 = 0.07 + 0.16 + 0.07 \times 0.16 = 0.2412$$

四、出口关税的核算

国内某企业于2023年10月向印度出口一批未精炼铜，合同采用CIF贸易术语成交。成交总价为175万美元，海运运费为1.25万美元，保险费用为350美元，已知适用的外汇折算价为1美元 = 7.28元人民币，计算出口关税。

1. 作业程序

①根据审定出口货物完税价格办法的有关规定，确定应税货物FOB价格。

②按照归类原则将应税货物归入适当的税则号列。

③根据税率适用规定确定出口税率。

④根据汇率适用规定，将外币计价的FOB价格折算为人民币。

⑤按照计算公式正确计算应征出口关税税款。

2. 计算公式

出口关税相关计算公式为：

$$出口关税税额 = 出口货物完税价格 \times 出口关税税率$$

其中：

$$出口货物完税价格 = FOB（中国境内口岸）\div（1 + 出口关税税率）$$

出口货物是以FOB价成交的，应将该价格扣除出口关税后作为完税价格。如果是以其他价格成交的，应换算成FOB价后再按上述公式计算。具体如下：

①以CIF方式成交，出口货物完税价格换算公式：

$$出口货物完税价格 =（CIF - 运费 - 保险费）\div（1 + 出口关税税率）$$

②以CFR方式成交，出口货物完税价格换算公式：

$$出口货物完税价格 =（CFR - 运费）\div（1 + 出口关税税率）$$

上述公式中的运费及保险费均指在我国境内输出地点装载后发生的相关费用。

3. 计算过程

①运用出口货物完税价格审定的方法，结合合同及发票内容，按照成交价格的定义及条件所述要求对申报价格进行全面审查认定。经审查未发现不符合成交价格规定情形的，按照成交价格方法确定完税价格，审定FOB美元价格：

$$FOB美元价格 = 1750000.00 - 12500.00 - 350.00 = 1737150.00（美元）$$

②按照归类总规则相关规定，确定该货物归入税则号列74020000。

③经查阅《税则》，该商品出口从价税率为30%，出口暂定税率为15%，根据暂定税率优先于正常税率执行规定，应适用15%的出口暂定税率。

④根据汇率适用规定，将外币价格折算为人民币价格，换算如下：

$$FOB人民币价格 = 1737150.00 × 7.28 = 12646452.00（元人民币）$$

⑤按照公式计算应缴税款：

$$出口关税税额 = [FOB ÷ （1 + 出口关税税率）] × 出口关税税率$$
$$= [12646452.00 ÷ （1 + 15\%）] × 15\%$$
$$= 10996914.78 × 15\%$$
$$= 1649537.22（元人民币）$$

五、滞报金的核算

国内某公司从法国购进一批瓶装葡萄酒，货物于2024年3月7日（星期四）进境。该公司于2024年3月28日向海关发送数据申报；同日，海关审核通过并接受申报。已知该批货物的成交价格为CIF国内某口岸85万欧元，其适用的外汇折算价为1欧元=7.64元人民币，计算应征滞报金。

海关小课堂

1. 作业程序

①根据审定货物完税价格办法的有关规定，确定CIF价格。

②根据滞报金管理规定，确定滞纳期间。

③根据汇率适用规定，将外币折算成人民币（完税价格）。

④按照公式正确计算滞报金金额。

2. 计算公式

滞报金计算公式为：

$$滞报金金额 = 进口货物完税价格 × 滞报期间 × 0.5‰$$

3. 计算过程

①运用货物完税价格审定的方法，结合合同及发票内容，按照成交价格的定义及条件所述要求对申报价格进行全面审查认定，经审查未发现不符合成交价格规定的情形，按照成交价格方法确定完税价格，审定CIF价格为850000.00欧元。

②根据滞报金管理规定确定滞报期间。货物进境日期为2024年3月7日（星期四），法定申报时间为14天，即3月21日（自3月8日起算，连加14天）前申报均不属滞报。自3月22日（星期五）开始计算滞报期间，3月28日海关接受申报，起、止日均计算为滞报期间，共滞报7天。

③根据汇率适用规定，计算完税价格：

$$完税价格 = 850000.00 \times 7.64 = 6494000.00（元人民币）$$

④计算应征滞报金：

$$应征滞报金金额 = 进口货物完税价格 \times 滞报期间 \times 0.5‰$$

$$= 6494000.00 \times 7 \times 0.5‰ = 22729.00（元人民币）$$

六、滞纳金的核算

国内某公司从韩国购进一批软玉毛石，已知该批货物应征关税为132058.32元人民币，应征进口环节消费税为503778.04元人民币，进口环节增值税为856422.66元人民币。海关于2024年1月5日（星期五）填发海关专用缴款书，该公司于2024年1月25日缴纳税款，计算应征滞纳金。

1. 作业程序

①确定滞纳关税及代征税税额。

②根据滞纳金管理规定，确定滞纳期间。

③按照公式正确计算关税以及进口环节消费税、增值税的滞纳金金额。

2. 计算公式

滞纳金相关计算公式为：

$$关税滞纳金金额 = 滞纳关税税额 \times 滞纳期间 \times 0.5‰$$

$$进口环节消费税滞纳金金额 = 滞纳消费税税额 \times 滞纳期间 \times 0.5‰$$

$$进口环节增值税滞纳金金额 = 滞纳增值税税额 \times 滞纳期间 \times 0.5‰$$

3. 计算过程

①确定滞纳关税税额和代征税税额。关税为132058.32元人民币，进口环节消费税为503778.04元人民币，进口环节增值税为856422.66元人民币。

②确定滞纳期间。海关于2024年1月5日填发海关专用缴款书，正常情况下税款缴款期限截止日为1月19日（星期五），自1月20日起计算滞纳，该公司1月25日缴纳税款，共滞纳6天。

③按照公式分别计算应缴纳的关税以及进口环节消费税、增值税的滞纳金金额。

$$关税滞纳金金额 = 滞纳关税税额 \times 滞纳期间 \times 0.5‰$$

$$= 132058.32 \times 6 \times 0.5‰ = 396.17（元人民币）$$

$$进口环节消费税滞纳金金额 = 滞纳消费税税额 \times 滞纳期间 \times 0.5‰$$

$$= 503778.04 \times 6 \times 0.5‰ = 1511.33（元人民币）$$

$$进口环节增值税滞纳金金额 = 滞纳增值税税额 \times 滞纳期间 \times 0.5‰$$

$$= 856422.66 \times 6 \times 0.5‰ = 2569.27（元人民币）$$

项目实训

1.浙江陆港进出口贸易公司于2023年10月向印度出口一批未精炼铜，合同采用 CIF 贸易术语成交。成交总价为1750000美元，海运运费为12500美元，保险费用为500美元。经查阅《税则》，该商品出口税率为30%，出口暂定税率为15%，出口退税率为0。

请计算这批货物的出口关税。（设美元汇率为1美元=7.25元人民币）

2.某进出口公司于7月9日（周五）申报进口一批货物，海关于当日开出税款缴款书。其中，关税税款为人民币25000元，增值税税款为人民币31524元，消费税税款为人民币8946元。该公司实际缴纳税款日期为8月28日。

请计算该公司应缴纳的滞纳金。

项目测试

一、单选题

1.进口货物在税则中同时适用最惠国税率、特惠税率和暂定税率的，应适用（　　）。

A. 最惠国税率　　　B. 特惠税率　　　　C. 暂定税率　　　　D. 从低税率

2.下列商品中，按从量计征方法征收进口关税的是（　　）。

A. 图书　　　　　B. 大米　　　　　C. 摩托车　　　　D. 胶卷

3.某企业于2023年5月将一台价值人民币55万元的进口设备运往境外修理，次月复运进境。经海关审定的境外修理费为4万元、料件费为6万元。该设备的进口关税税率为10%，则该企业应缴纳的关税为（　　）万元。

A. 0.6　　　　　　B. 1　　　　　　C. 5.5　　　　　　D. 6.5

4.我国对进出口货物征收关税主要采用（　　）计税标准。

A. 从价税　　　　B. 从量税　　　　C. 复合税　　　　D. 滑准税

二、计算题

1.某企业进口美国产高档轿车（3.5升排量）18辆，成交价格CIF 上海13万美元/辆，已知该类型汽车的关税与消费税税率均为25%，增值税税率为17%。试计算该批货物应缴的消费税。（设美元汇率为1美元=7.25元人民币）

✐项目测试

2.某企业从国外进口冻鸡爪17吨，成交价格为CIF 上海860美元/吨，适用最惠国税率为0.5元/千克，增值税税率为13%，无消费税。试计算该批货物的增值税。（设美元汇率为1美元=7.25元人民币）

项目八 商品归类

▶ **项目背景**

小温向海关申报进口的葡萄酒、饼干和菜籽油等商品时，发现需要确定这些商品的编码。小温虚心地向经理请教如何进行商品归类，确定编码，经理告诉他必须熟悉并准确理解归类总规则。

任务一　商品归类的规定

任务清单

1. 理解归类的含义；

2. 了解商品归类的基本规定。

知识卡片

一、什么是商品归类

商品归类，是指在《商品名称及编码协调制度公约》商品分类目录体系下，以《税则》为基础，按照《进出口税则商品及品目注释》（以下简称《税则注释》）、《中华人民共和国进出口税则本国子目注释》（以下简称《本国子目注释》）以及海关总署发布的关于商品归类的行政裁定、商品归类决定的规定，确定进出口货物商品编码的行为。进出口货物相关的国家标准、行业标准等可以作为商品归类的参考。

二、有关商品归类的一些基本规定

（一）商品归类原则

进出口货物的商品归类应当遵循客观、准确、统一的原则。

（二）商品归类依据的货物状态

进出口货物的商品归类应当按照收发货人或者其代理人向海关申报时货物的实际状态确定。以提前申报方式进出口的货物，商品归类应当按照货物运抵海关监管区时的实际状态确定。

（三）归类申报

由同一运输工具同时运抵同一口岸并且属于同一收货人、使用同一提单的多种进口货物，按照商品归类规则应当归入同一商品编码的，该收货人或者其代理人应当将有关商品一并归入该商品编码向海关申报。收发货人或者其代理人应当依照法律、行政法规以及其他相关规定，如实、准确申报其进出口货物的商品名称、规格型号等事项，并且对其申报的进出口货物进行商品归类，确定相应的商品编码。

（四）海关审核

海关在审核确定收发货人或者其代理人申报的商品归类事项时，可以行使下列权力：一是查阅、复制有关单证、资料；二是要求收发货人或者其代理人提供必要的样品及相关商品资料，包括外文资料的中文译文并且对译文内容负责；三是组织对进出口货物实施化验、检验。收发货人或者其代理人隐瞒有关情况，或者拖延、拒绝提供有关单证、资料的，海关可以依法审核确定进出口货物的商品归类。必要时，海关可以要求收发货人或者其代理人补充申报。

■海关小课堂

（五）化验、检验

海关可以依据《税则》《税则注释》《本国子目注释》和国家标准、行业标准，以及海关化验方法等，对进出口货物的属性、成分、含量、结构、品质、规格等进行化验、检验，并将化验、检验结果作为商品归类的依据。收发货人或者其代理人应当及时提供化验、检验样品的相关单证和技术资料，并对其真实性和有效性负责。除特殊情况外，海关技术机构应当自收到送检样品之日起15日内作出化验、检验结果。其他化验、检验机构作出的化验、检验结果与海关技术机构或者海关委托的化验、检验机构作出的化验、

检验结果不一致的，以海关认定的化验、检验结果为准。收发货人或者其代理人对化验、检验结果有异议的，可以在收到化验、检验结果之日起15日内向海关提出书面复验申请，海关应当组织复验。已经复验的，收发货人或者其代理人不得对同一样品再次申请复验。

（六）重新确定归类

海关发现收发货人或者其代理人申报的商品归类不准确的，按照商品归类的有关规定予以重新确定，并且按照报关单修改和撤销有关规定予以办理。收发货人或者其代理人发现其申报的商品归类需要修改的，应当按照报关单修改和撤销有关规定向海关提出申请。

（七）担保放行

海关对货物的商品归类进行审核确定前，收发货人或者其代理人要求放行货物的，应当按照海关事务担保的有关规定提供担保。国家对进出境货物有限制性规定，应当提供许可证件而不能提供的，以及法律、行政法规规定不得担保的其他情形，海关不得办理担保放行。

（八）行政裁定、预裁定

收发货人或者其代理人就其进出口货物的商品归类提出行政裁定、预裁定申请的，应当按照行政裁定、预裁定管理的有关规定办理。

（九）归类决定的发布、失效、修改、撤销

海关总署可以依据有关法律、行政法规规定，对进出口货物作出具有普遍约束力的商品归类决定，并对外公布。进出口相同货物，应当适用相同的商品归类决定。作出商品归类决定所依据的法律、行政法规以及其他相关规定发生变化的，商品归类决定同时失效。商品归类决定失效的，应当由海关总署对外公布。海关总署发现商品归类决定需要修改的，应当及时予以修改并对外公布。海关总署发现商品归类决定存在错误的，应当及时予以撤销并对外公布。

案例分析

某企业于2024年7月向海关以一般贸易方式申报进口20英寸液晶显示器，带有D-Sub（D形连接器）接口，申报商品编码为85285110（关税税率为0，增值税税率为17%）。经海关查验及归类审核，该商品主要用于医疗设备中的显示检查图像的高分辨率显示器，带有HDMI（高清多媒体）接口，应当归入85285910（关税税率30%，增值税税率为17%）。企业申报错误，予以补税处理。

思考： 商品归类的作用和意义是什么？

任务二 《协调制度》介绍

任务清单

1. 理解归类的含义；
2. 了解商品归类的基本规定。

知识卡片

一、基本结构

（一）类、章及分章标题结构

《商品名称及编码协调制度》（以下简称《协调制度》）系统地列出了国际贸易的货品，将货品分为类、章及分章，每类、章（第七十七章除外）或分章都有标题，尽可能确切地列明所包含货品种类的范围。但在许多情况下，归入某类或某章的货品种类繁多，类、章标题不可能将其一一列出全都包含。

例如，以"非针织或非钩编的服装及衣着附件"为章标题的第六十二章，就包括没有被列出的针织或钩编的胸罩等保持体型的服装，也无法将除外货品一一点明；再如，铜合金制的纽扣却不能归入以"铜及其制品"为章标题的第七十四章。

此外，某些不同的类、章标题所涵盖的货品还会产生交叉，导致同一货品看似可能有多个所属的类、章。例如，麦秸编结的草帽，从所用材料看是编结材料制品，似应归入以"稻草、秸秆、针茅或其他编结材料制品；篮筐及柳条编结品"为标题的第四十六章，从用途上看是帽子，似应归入以"帽类及其零件"为标题的第六十五章。

（二）商品名称及编码表

商品名称及编码表由《协调制度》编码（通常称"商品编码"）和商品名称组成，是《协调制度》商品分类目录的主体，从属于21个类，分布在有实质内容的96个章中。商品编码栏居左，商品名称栏居右，依次构成一横行。

二、分类原则

《协调制度》采用的分类原则主要有以下两条。

（一）采用常见的商品分类标志

《协调制度》对绝大多数国际贸易的货品分类遵循科学的分类原理和规则，采用行业门类、功能、用途、原材料、加工程度、加工或制造方法、主要成分或特殊成分等常见的商品分类标志，使商品归类有章可循。

1. 类的划分

《协调制度》基本上以商品所属的行业门类为类的划分依据，如第六类为化学工业及相关工业的产品，第十一类为纺织工业的产品等。

2. 章的划分

通常以商品的自然属性或所具有的原理、功能及用途为设章原则。如第二十八章"无机化学品"（自然属性相同），第六十五章"帽类及其零件"（用途相同）。前者（第一章至第六十三章、第六十七章至第七十六章、第七十八章至第八十三章）决定货品基本特征的要素是货品的物质属性，通常这些章中包括的半制成品及制成品结构比较简单；后者（第六十四章至第六十六章、第八十四章至第九十七章）决定货品基本特征的要素是货品运用的原理或具有的功能、用途，通常这些章中只包括制成品。

3. 类次以及同一个类的章次的排序原则

类次以及同一个类的章次的排序原则具有普遍性的主要有两个。

其一，存在物质属性差别时，依照先动物产品，再植物产品，再矿物产品，最后化学及相关产品的商品属性顺序排列。如活动物及动物产品在第一类，植物产品在第二类，矿物产品在第五类，化学及相关工业产品在第六类；又如第十一类中第五十、五十一章为动物纤维产品，第五十二、五十三章为植物纤维产品，第五十四、五十五章为化学纤维产品。

其二，存在加工关联时，依照加工程度，由低向高递增序次，如牛肉在第一类第二章，牛肉罐头在第四类第十六章。

4. 同一个章内品目的排序原则

同一个章内商品存在加工关联的，依据其加工程度，由低到高逐次排列，原材料商品在前，半制成品居中，制成品居后。如第五十二章棉花分属品目52.01～52.03，棉纱线分属品目52.04～52.07，棉机织物分属品目52.08～52.12.

此外，对同种类商品通常按具体列名、一般列名和未列名的顺序排列。如第七章品目07.07"鲜或冷藏的黄瓜"（具体列名）；品目07.08"鲜或冷藏的豆类蔬菜"（一般列名）；品目07.09"鲜或冷藏的其他蔬菜"（未列名）。

因此，对未列名品目货品范围的把握只有在明确具体列名和一般列名之后才能做到。某一种或某一类商品一般整机在前，专用零件或配件在后。如品目84.08"压燃式活塞内燃发动机"；品目84.09"专用于或主要用于品目84.07或84.08所列发动机的零件"。

（二）对杂项货品采取专列类、章和品目

《协调制度》分类时还注意照顾了商业习惯和实际操作的可行性，将难以按常用的分类标志进行分类的大宗进出口商品以杂项制品相称。从照顾商业习惯和便于实际操作入手，专列类、章和品目，使该类商品归类简单易行，如第二十类"杂项制品"、第九十四章"家具"品目94.06"活动房屋"。

三、结构性商品编码

《协调制度》采用结构性商品编码。商品编码是具有特定含义的顺序号，它用四位数字表示品目。品目前两位表示该品目所在章，后两位表示此品目在该章的序次。如品目47.05，表示该品目是第四十七章第五个品目。

需要指出的是，未列名货品的第五位或第六位数字一般用数字"9"表示，不代表它在所属品目或子目中的实际序位，其间的空序号是为在保留原有编码的情况下，适应日后增添新商品等情况而预留的。数字"9"被零件占用时，数字"8"通常表示未列名整机。

另外，由于《协调制度》定期修改，以及在一定时间内不能再使用已删除的编码，因此从1996年版本开始《协调制度》目录编码的连续性已被破坏，如品目28.47后是品目28.49而不是品目28.48（在2017年版本中删除）；子目0808.10后是子目0808.30而不是子目0808.20（在2012年版本中删除）。

四、品目条文

四位数字商品编码所对应的商品名称栏目的内容被归类总规则称作品目条文，主要采用商品名称、规格、成分、外观形态、加工程度或方式、功能及用途等形式明确商品对象。要结合注释理解品目条文的含义，如品目62.13"手帕"是特指具备第六十二章章注七所称手帕规格要求的正方形或近似正方形的布状物，仅靠名称判断是不可取的。

五、子目条文及子目标示

（一）子目条文

五位和六位数级商品编码所对应的商品名称栏目的内容被归类总规则称作子目条文。

五位数级商品编码所对应的商品名称栏目的内容为一级子目条文；六位数级商品编码所对应的商品名称栏目的内容为二级子目条文。

（二）子目标示

在商品名称及编码表中的子目条文前分别用"－""－－"作标示，代表一级子目条文、二级子目条文，其对应的子目相应为一级、二级子目。其中一级、二级子目条文又可称为一杠、二杠子目条文。

🔍 案例分析

2024年3月，当事人以一般贸易方式向天津东疆海关申报进口一票水疗恢复系统。第1项申报品名为水疗恢复系统，申报税则号列为90191090，关税税率4%，增值税税率

13%，申报货值125376.24美元。经查，第1项商品实际应归到税则号列90191010项下，关税税率10%，增值税税率13%，申报与实际不符，申报不实影响国家税款征收人民币55563.67元。

海关依据《海关法》相关条例，对当事人补税及罚款人民币4.4万元。

思考： 商品归类错误的原因及后果是什么？

六、注释

（一）注释类型及作用

《协调制度》中的注释是解释说明性的规定。位于类标题下的注释为类注释，简称"类注"；位于章标题下的注释为章注释，简称"章注"；位于类注、章注或章标题下关于子目的注释为子目注释。

注释是为限定《协调制度》中各类、章、品目和子目所属商品的准确范围，简化品目和子目条文文字，杜绝商品分类的交叉，保证商品归类的正确而设立的。

（二）注释的使用范围

注释除另有说明外，一般只限于使用在相应的类、章、品目及子目。在有说明时注释可超出通常的使用范围，如第十五类类注二规定了通用零件的范围和应归入的品目，该注释所述通用零件即使只适合使用于第十六类的机器，也应归入第十五类相应品目；第三十九章章注一对塑料的定义适用于《协调制度》各品目。

七、归类总规则概述

一个完善的分类体系必须提供规范的归类方法。按照该归类方法操作，可以保证商品归类的唯一性，即将每一个商品对应唯一的商品编码，并将似乎也存在归入其他编码的可能性排除。按照该归类方法操作，还必须保证每一个商品总能归入同一编码，不会因归类人员等的不同而发生变化。

《协调制度》归类总规则就是保证上述目标得以实现的规则。《协调制度》归类总规则，位于《协调制度》文本的卷首，是指导整个《协调制度》商品归类的总原则。学习归类总规则时，我们应该在正确理解各条规则原文的基础上，明确该条规则的要点，要特别注意各规则运用时的注意事项及相互关系，通常是前一条规则不适用时引出下一条规则，由此决定的规则运用次序，对于正确归类至关重要。

任务三　归类总规则

📋 任务清单

1.熟悉归类总规则的具体条文，准确理解每条规则的含义；
2.能够应用归类总规则准确归类商品编码。

📄 知识卡片

在国际贸易中，商品通过税则中的类、章、分章进行分组，商品描述和税目条文尽可能明确商品的范围。但是由于商品间的差异以及大量不同类型的新商品的出现，品目往往不可能包括所有的商品。所以需要有一种规则来指导我们理解每一个品目以及品目之间的相互关系，这就是归类总规则。归类总规则位于《协调制度》的卷首，是对商品归类普遍规律的归纳总结，是指导商品归类的总原则，是具有法律效力的归类依据。归类总规则共有六条。

一、规则一

（一）规则条文

类、章及分章的标题，仅为查找方便而设；具有法律效力的归类，应按品目条文和有关类注或章注确定，如品目、类注或章注无其他规定，则按以下规则确定。

■海关小课堂

（二）规则要点

1.标题对商品归类不具法律效力

规则一的第一部分（分号前面）明确说明"类、章及分章的标题仅为查找方便而设"。查找是指查到货品可能所属的类、章范围。标题对商品归类不具备法律效力，不能按标题确定货品的归类。

2.具有法律效力的归类应遵循的原则

规则一的第二部分规定，商品归类应按以下原则确定。

①按照品目条文及任何相关的类、章注释确定。许多货品无须借助归类总规则的其他条款，即仅用规则一即可确定品目。例如，改良种用野马（品目01.01）、第三十章章注四所述及的急救药箱（品目30.06）。

②如品目条文或类、章注释无其他规定，则按规则二、三、四、五的规定确定。规则一所称"如品目和类、章注释无其他规定"，旨在明确品目条文及任何相关的类、章注释的极其重要性，换言之，它们是在确定归类时应首先考虑的规定。

规则一规定了品目归类的法律依据及运用次序，即品目条文及有关类注、章注有明

确规定的，应据此确定归类；否则应依次运用规则二、三、四、五确定归类。例如，第五章的章注四规定，"本协调制度所称马毛，是指马科、牛科动物的鬃毛和尾毛"，即牛尾毛应该按马毛进行归类，品目为05.11。

（三）案例解析

案例：鳗鱼苗

解析：该货品看似可以归入第一章"活动物"，但第一章章注一规定，本章不包括"品目03.01、03.06、03.07或03.08的鱼、甲壳动物、软体动物及其他水生无脊椎动物"。因此，根据章注、品目条文，将该货品归入品目03.01，故本货品归类依据为规则一。

二、规则二

（一）规则条文

品目中所列货品，应视为包括该项货品的不完整品或未制成品，只要在报验时该项不完整品或未制成品具有完整品或制成品的基本特征；还应视为包括该项货品的完整品或制成品（或按本款规则可作为完整品或制成品归类的货品）在报验时的未组装件或拆散件。

品目中所列材料或物质，应视为包括该种材料或物质与其他材料或物质混合或组合的物品。品目中所列某种材料或物质构成的货品，应视为包括全部或部分由该种材料或物质构成的货品。由一种以上材料或物质构成的货品，应按规则三的原则归类。

（二）规则要点

1. 规则二（一）（不完整品或未制成品）

规则二（一）第一部分将所有列出某一些物品的品目范围扩大为不仅包括完整的物品，而且还包括该物品的不完整品或未制成品，只要报验时它们具有完整品或制成品的基本特征。

本款规则的规定也适用于毛坯，除非该毛坯已在某一品目具体列名。所称"毛坯"，是指已具有制成品或零件的大概形状或轮廓，但还不能直接使用的物品。除极个别的情况外，它们仅可用于加工成制成品或零件。例如，初制成型的塑料瓶为管状的中间产品，其一端封闭而另一端为带螺纹的瓶口，瓶口可用带螺纹的盖子封闭，螺纹瓶口下面的部分准备膨胀成所需尺寸和形状。

尚未具有制成品基本形状的半制成品（例如，常见的杆、片、管等）不应视为"毛坯"。

2. 规则二（一）（物品的未组装件或拆散件）

①规则二（一）第二部分规定，完整品或制成品的未组装件或拆散件应归入已组装物品的同一品目。货品以未组装或拆散形式报验，通常是由于包装、装卸或运输上的需

要，或是为了便于包装、装卸或运输。

②本款规则也适用于以未组装或拆散形式报验的不完整品或未制成品，只要按照本规则第一部分的规定，它们可作为完整品或制成品看待。

③本款规则所称"报验时的未组装件或拆散件"，是指其各种部件仅仅通过紧固件（螺钉、螺母、螺栓等），或通过铆接、焊接等组装方法即可装配起来的物品。组装方法的复杂性可不予考虑，但其各种部件无须进一步加工成制成品。

某一物品的未组装部件如超出组装成品所需数量，超出部分应单独归类。例如，摩托车进口时，如供组装的零部件中有两个车座，多出的一个车座就应该单独归类，而不应随可组装成一辆摩托车的零部件一并按摩托车归类。

3. 规则二（二）（不同材料或物质的混合品或组合品）

规则二（二）是关于材料或物质的混合品及组合品，以及由两种或多种材料或物质构成的货品。它所适用的品目是列出某种材料或物质的品目（例如，品目05.07列出"鹿角"）和列出某种材料或物质制成的货品的品目（例如，品目45.03列出"天然软木制品"）。应注意到，只有在品目条文和类注、章注无其他规定的情况下才能运用本款规则（例如，品目15.03列出"液体猪油，未经混合"，就不能运用本款规则）。在类注、章注或品目条文中列为调制品的混合物，应按规则一的规定进行归类。

本款规则旨在将列出某种材料或物质的任何品目扩大为包括该种材料或物质与其他材料或物质的混合品或组合品，同时旨在将列出某种材料或物质构成的货品的任何品目扩大为包括部分由该种材料或物质构成的货品。

4. 运用规则二的注意事项

①鉴于第一类至第六类各品目的商品范围，规则二（一）的规定一般不适用于这六类所包括的货品。

②运用规则二时应满足两个条件：一是不与规则一相抵触，即不应将这些品目扩大到包括按规则一的规定不符合品目条文要求的货品；二是不能改变原品目所列货品的基本特征（性质），例如，当添加了另外一种材料或物质，使货品丧失了原品目所列货品特征时，就会出现这种情况。

③本规则最后规定，不同材料或物质的混合品及组合品，以及由一种以上材料或物质构成的货品，如果看起来可归入两个或以上品目，必须按规则三的原则进行归类。

（三）案例解析

1. 规则二（一）的运用（不完整品或未制成品）

案例：尚未装有车轮、轮胎及电池的家用轿车；尚未装有发动机或内部配件的货运车辆；尚未装有坐垫及轮胎的自行车

解析：上述货品均为具有完整品基本特征的不完整品，根据规则二（一）的规定，

均应按照完整品归类即依次归入品目87.03、87.04和87.12。

2. 规则二（一）的运用（物品未组装件或拆散件）

案例：为便于运输而装于同一包装箱内的两套摩托车未组装件

解析：该商品是具有摩托车基本特征的成套散件，根据规则二（一）的规定，可视为摩托车整车，即按照组装件归类，归入品目87.11。

3. 规则二（二）的运用（不同材料或物质的混合品或组合品）

案例1：牛奶中加入少量维生素

解析：牛奶中虽然混有其他物质（维生素），但并未改变全部由品目04.01所列"未浓缩及未加糖或其他甜物质的乳"物品的基本特征，因此根据规则二（二）的规定，应该按照乳归类，归入品目04.01。

案例2：装有木柄的不锈钢制炒菜锅

解析：不锈钢制炒菜锅虽然装有木柄，但并未改变全部由钢铁材料制的品目73.23所列"餐桌、厨房或其他家用钢铁器具及其零件"货品的基本特征，因此根据规则二(二)，该组合材料货品应归入上述品目73.23。

三、规则三

（一）规则条文

当货品按规则二（二）或由于其他原因看起来可归入两个或两个以上品目时，应按以下规则归类。

①列名比较具体的品目，优先于列名一般的品目。但是，如果两个或两个以上品目都仅述及混合或组合货品所含的某部分材料或物质，或零售的成套货品中的部分货品，即使其中某个品目对该货品描述得更为全面、详细，这些货品在有关品目的列名应视为同样具体。

■ 海关小课堂

②混合物、不同材料构成或不同部件组成的组合物以及零售的成套货品，如果不能按照规则三（一）归类时，在本款可适用的条件下，应按构成货品基本特征的材料或部件归类。

③货品不能按照规则三（一）或（二）归类时，应按号列顺序归入其可归入的最末一个品目。

（二）规则要点

1. 三种归类方法及运用次序

对于根据规则二（二）或由于其他原因看起来可归入两个或两个以上品目的货品，本规则规定了三种归类方法。这三种方法应按其在本规则中的先后次序加以运用。据此，只有在不能按照规则三（一）归类时，才能运用规则三（二）；不能按照规则三（一）和

（二）归类时，才能运用规则三（三）。因此，它们的优先次序为：第一具体列名；第二基本特征；第三从后归类。

2.本规则的适用条件

只有在品目条文和类注、章注无其他规定的情况下，才能运用本规则。例如，第九十七章章注四（二）规定，税目97.06不适用于本章其他各品目的物品即根据品目条文既可归入品目97.01至97.05中的一个品目，又可归入品目97.06的货品，应归入品目97.01至97.05中的其中一个品目。因此，第九十七章的这类货品应按第九十七章章注四（二）的规定归类，而不能根据本规则进行归类。

3.规则三（一）

（1）规则三（一）规定了第一种归类方法

规定列名比较具体的品目优于列名一般的品目，简称"具体列名"。

（2）判断具体与否的一般原则

通过制订严密的规则来确定哪个品目比其他品目列名更为具体是不现实的，但作为一般原则可以这样理解：

①列出品名比列出类名更为具体。

②如果某一品目所列名称更为明确地述及某一货品，则该品目要比所列名称不那么明确述及该货品的其他品目更为具体。

（3）列名同样具体时货品的归类应按规则三（二）或（三）的规定加以确定

如果两个或两个以上品目都仅述及混合或组合货品所含的某部分材料或物质，或零售成套货品中的部分货品，即使其中某个品目比其他品目描述得更为全面、详细，这些货品在有关品目的列名应视为同样具体。在这种情况下，货品的归类应按规则三（二）或（三）的规定加以确定。

4.规则三（二）

（1）规则三（二）规定了第二种归类方法

不能按照规则三（一）归类时，在本款可适用的条件下，这些货品应按构成货品基本特征的材料或部件归类，简称"基本特征"。该方法仅涉及：

①混合物；

②不同材料的组合货品；

③不同部件的组合货品；

④零售的成套货品。

（2）确定货品基本特征的因素

对于不同的货品，确定其基本特征的因素会有所不同。例如，可根据其所含材料或部件的性质、体积、数量、重量或价值来确定货品的基本特征，也可根据所含材料对货品用途的作用来确定货品的基本特征。

（3）本款规则所称货品的含义

①本款规则所称"不同部件组成的组合物"，不仅包括各部件相互固定组合在一起，构成了实际不可分离整体的货品，还包括其部件可相互分离的货品，但这些部件必须是相互补足，配合使用，构成一体并且通常不单独销售的。这类组合货品的各部件一般都装于同一包装内。

②本款规则所称"零售的成套货品"，是指同时符合以下三个条件的货品：其一，由至少两种看起来可归入不同品目的不同物品构成的（例如，6把乳酪叉不能视为本款规则所称的成套货品）；其二，为了迎合某项需求或开展某项专门活动而将几件产品或物品包装在一起的；其三，其包装形式适于直接销售给用户而无须重新包装的（例如，装于盒、箱内或固定于板上）。

（4）本款规则不适用的情况

本款规则不适用于按规定比例将分别包装的各种组分包装在一起，供生产饮料等用的货品，不论其是否装在一个共同包装内。

5. 规则三（三）

货品如果不能按照规则三（一）或（二）归类时，应按号列顺序归入其可归入的最后一个品目，简称"从后归类"。

（三）案例解析

1. 规则三（一）的运用（具体列名）

案例1：电动剃须刀

解析：看起来该货品有三个归类可能，分别是品目85.10、84.67或85.09，但不应作为本身装有电动机的手提式工具归入以类名列名的品目84.67，或作为家用电动机械器具归入以类名列名的品目85.09，因为品目85.10的品名中直接包含了电动剃须刀，是列名更为具体的品目。因此根据规则三（一），应归入品目85.10。

案例2：钢化玻璃制的未镶框安全玻璃，已制成一定形状并确定用于飞机上

解析：看起来该货品有两个归类可能，分别是品目70.07或88.03，但不应作为飞机零件归入未明确包括该货品的品目88.03，因为品目70.07明确列出了钢化安全玻璃是列名更为具体的品目。因此，根据规则三（一），应归入品目70.07。

案例3：用于小汽车的簇绒地毯

解析：看起来该货品有两个归类可能，分别是品目57.03或87.08，但不应作为小汽车的零件、附件归入品目87.08，因为品目57.03明确列出了簇绒地毯是列名更为具体的品目。因此，根据规则三（一），应归入品目57.03。

2. 规则三（二）的运用（基本特征）

（1）由不同食品搭配而成，配在一起调制后可成为即食菜或即食饭的成套食品

案例1：由一个夹牛肉（牛肉含量占三明治总重量的25%）的小圆面包构成的三明治（品目16.02）和法式炸土豆片（品目20.04）包装在一起的成套货品

解析：该货品符合"零售的成套货品"的规定，看起来可归入品目16.02或20.04，而且不能用规则三（一）归类，故应该用基本特征方法归类。三明治构成该套货品的基本特征，该套货品应按照三明治归入品目16.02，不按照炸土豆片归入品目20.04。因此，根据规则三（二），应归入品目16.02。

案例2：配制一餐面条的成套货品，由装于一纸盒内的一包未煮的面条（品目19.02）、一小袋乳酪粉（品目04.06）以及一小罐番茄酱（品目21.03）组成

解析：该货品符合"零售的成套货品"的规定，看起来可归入品目04.06、19.02或21.03，而且不能用规则三（一）归类，故应该用基本特征方法归类。面条构成该套货品的基本特征，该套货品应按照面条归入品目19.02，不按照乳酪归入品目04.06，也不按照番茄酱归入品目21.03。因此，根据规则三（二），应归入品目19.02。

注意：将可选择的不同产品包装在一起组成的食品，不符合上述成套食品的规定，应将每种产品分别归入其相应品目。例如：

①包括下列货品的食品盒，一罐小虾（品目16.05）、一罐肝酱（品目16.02）、一罐乳酪（品目04.06）、一罐火腿肉片（品目16.02）及一罐开胃香肠（品目16.01）。

②一瓶品目22.08的烈性酒及一瓶品目22.04的葡萄酒。

对于以上两例所列货品，应将每种产品分别归入其相应品目。

（2）其他成套货品

案例1：由一个电动理发推子（品目85.10）、一把梳子（品目96.15）、一把剪子（品目82.13）、一把刷子（品目96.03）及一条毛巾（品目63.02）装在一个皮匣子（品目42.02）内所组成的成套理发工具

解析：该货品符合"零售的成套货品"的规定，看起来可归入品目85.10、96.15、82.13、96.03、63.02、42.02，而且不能用规则三（一）归类，故应该用基本特征方法归类。电动理发推子构成整套货品的基本特征，该套货品应按照电动理发推子归入品目85.10，不按照梳子归入品目96.15、剪子归入品目82.13、刷子归入品目96.03、毛巾归入品目63.02、皮匣子归入品目42.02。因此，根据规则三（二），应归入品目85.10。

案例2：由一把尺子（品目90.17）、一个圆盘计算器（品目90.17）、一个绘图圆规（品目90.17）、一支铅笔（品目96.09）及一个卷笔刀（品目82.14）装在一个塑料片制的盒子（品目42.02）内所组成的成套绘图器具

解析：该货品符合"零售的成套货品"的规定，看起来可分别按照尺子、圆盘计算

器和绘图圆规归入品目 90.17，按铅笔归入品目 96.09，按卷笔刀归入品目 82.14 和按照塑料盒归入品目 42.02，而且不能用规则三（一）归类，故应该用基本特征方法归类。绘图圆规构成整套货品的基本特征，该套货品应按照绘图圆规归入品目 90.17，不按照铅笔归入品目 96.09、卷笔刀归入品目 82.14、塑料盒归入品目 42.02。因此，根据规则三（二），应归入品目 90.17。

3. 规则三（三）的运用（从后归类）

案例：医用带线缝合针，用于软组织的缝合，经环氧乙烷灭菌，一次性使用

解析：该商品为缝合针和缝合线的组合物，看起来该货品有两个归类可能，分别在品目 30.06 或 90.18 项下列名，两个品目列名同样具体，而且无法确定哪一部分构成了完整商品的基本特征。因此，根据规则三（三），按缝合线（品目 30.06）、缝合针（品目 90.18）的后一个品目归类，该货品应归入品目 90.18。

四、规则四

（一）规则条文

根据上述规则无法归类的货品，应归入与其最相类似的货品的品目。

（二）规则要点

①本规则适用于不能按照规则一至规则三归类的货品。它规定，这些货品应归入与其最相类似的货品的品目中。

②在按照规则四归类时，有必要将报验货品与类似货品加以比较，以确定其与哪种货品最相类似。所报验的货品应归入与其最相类似的货品的同一品目。

③所谓"类似"取决于许多因素，例如货品名称、特征、用途等。

④本规则极少使用而且使用难度较大。

因为《协调制度》多数的章单独列出"未列名货品"品目以容纳特殊货品，并且规则四只适用于无法使用规则一、二、三解决商品归类的场合，所以此项规定极少使用。鉴于规则四未明确指出商品最相类似之处是指名称、特征，还是指功能、用途、结构，使用此规则归类难度较大。

（三）案例解析

案例：原板玻璃，用溢流熔融法制得

解析：溢流熔融法是将熔融玻璃液导入导管，玻璃液到达容积上限后从导管两侧沿管壁向下溢流而出，类似瀑布一样在下方汇流后形成片状基板。在流下过程中经过工艺夹具等调整宽度、厚度和光滑度，同时调整温度和流下速度等，最后做成一定尺寸和质量的玻璃原板。

从该商品的生产工艺看，不符合品目 70.03、70.04、70.05 描述，无法运用归类总规

则一至三；根据归类总规则四，其加工方式与铸制及轧制玻璃板最相类似，因此该商品应归入品目70.03项下。

五、规则五

（一）规则条文

除上述规则外，本规则还适用于下列货品的归类：

①制成特殊形状，适用于盛装某一或某套物品并适合长期使用的照相机套、乐器盒、枪套、绘图仪器盒、项链盒及类似容器，如果与所装物品同时报验，并通常与所装物品一同出售的，应与所装物品一并归类。但本款不适用于本身构成整个货品基本特征的容器。

②除规则五（一）规定的以外，与所装货品同时报验的包装材料或包装容器，如果通常是用来包装这类货品的，应与所装货品一并归类。但明显可重复使用的包装材料和包装容器不受本款限制。

（二）规则要点

1. 规则五（一）（箱、盒及类似容器）

（1）本款规则仅适用于同时符合以下各条规定的容器

①制成特定形状，适用于盛装某一或某套物品的，即按所要盛装的物品专门设计的。有些容器还制成所装物品的特殊形状。

②适合长期使用的，即在设计上，容器的使用期限与所盛装的物品相称。在物品不使用期间（例如，运输或储藏期间），这些容器还能起到保护物品的作用。本条标准使其与简单包装区别开来。

③与所装物品一同报验的，不论其是否为了运输方便而与所装物品分开包装。单独报验的容器应归入其相应品目。

④通常与所装物品一同出售的。

⑤本身并不构成整个货品基本特征的。

（2）本款规则不包括某些容器

例如，装有茶叶的银质茶叶罐或装有糖果的装饰性瓷碗。

2. 规则五（二）（包装材料及包装容器）

①本款规则对通常用于包装有关货品的包装材料及包装容器的归类作了规定。但明显可重复使用的包装材料和包装容器不受本款限制，例如，某些金属桶及装压缩或液化气体的钢铁容器。要注意不能将"再利用"视为明显可"重复使用"。

②规则五（一）优先于本款规则，因此规则五（一）所述的箱、盒及类似容器的归类，应按该款规定确定。

（三）案例解析

1. 规则五（一）的运用（箱、盒及类似容器）

案例：与所装物品一同报验的首饰盒及箱（所装物品应归入品目71.13）；电动剃须刀套（所装物品应归入品目85.10）；望远镜盒（所装物品应归入品目90.05）；乐器盒、箱及袋（所装物品，例如，小提琴应归入品目92.02）；枪套（所装物品，例如，维利式信号枪应归入品目93.03）

解析：上述货品与所装物品一同报验时，应按照规则五（一）与所装物品一并归类。

2. 规则五（二）的运用（包装材料及包装容器）

案例：装有葡萄酒（品目22.04）的玻璃酒瓶

解析：该酒瓶不属于可以明显重复使用的包装容器，因此，根据规则五（二），应与葡萄酒一并归入葡萄酒所在品目22.04。

六、规则六

（一）规则条文

货品在某一品目项下各子目的法定归类，应按子目条文或有关的子目注释以及以上各条规则（在必要的地方稍加修改后）来确定，但子目的比较只能在同一数级上进行。除条文另有规定的以外，有关的类注、章注也适用于本规则。

（二）规则要点

1. 规则六是确定某一品目下各级子目的法定归类原则

六位数级子目的范围不得超出其所属的五位数级子目的范围；同样，五位数级子目的范围也不得超出其所属品目的范围。也就是说，在确定了商品的四位数级编码后，才可确定五位数级编码，再进一步确定六位数级编码。子目的归类在确定品目后逐级进行。

2. 规则一至五在必要的地方稍加修改后，可适用于同一品目项下的各级子目

将规则一至五中的"品"改为"子"，可适用于确定商品在同一品目项下各级子目的归类。例如，可将规则三（一）"列名比较具体的品目，优先于列名一般的品目"改为"列名比较具体的子目，优先于列名一般的子目"。

3. 子目归类依据及运用顺序

具有法律效力的子目归类依据包括子目条文、注释和在必要的地方稍加修改后的规则一至五。在子目条文和注释无规定时，方可运用规则一至五。运用注释时优先使用子目注释，其次是章注释、类注释，即当子目注释与章注释、类注释发生矛盾时，以子目注释为准。

（三）案例解析

案例1：与电脑连接的多功能激光复印一体机（可打印、复印和传真）（品目84.43）

解析：该货品应归入品目84.43，子目归类即在查阅注释的同时，逐级对品目84.43项下同一数级子目进行比较（见表8-1）。鉴于没有相关注释，可直接对同一数级子目进行比较。

表8-1　品目84.43项下的三个一级子目

子目条文	结　论
−用品目84.42的印刷用版（片）、滚筒及其他印刷部件进行印刷的机器：	
−其他印刷（打印）机、复印机及传真机，不论是否组合式：	经比较确定归入此子目
−零件及附件：	

已被确定的一级子目条文后有冒号，说明该一级子目被拆分，继续对其项下同级子目进行比较确定归类（见表8-2）。

表8-2　已确定的一级子目项下的三个二级子目

子目条文	结　论
−−具有印刷（打印）、复印或传真中两种及以上功能的机器，可与自动数据处理设备或网络连接	经比较确定归入此子目
−−其他，可与自动数据处理设备或网络连接	
−−其他	

已被确定的二级子目是最终应归入的子目，在商品编码栏可查到与该子目对应的编码8443.31，即该货品应归入子目8443.31。

案例2：不锈钢制炒菜锅与适于安装在锅上的木柄及其固定件（未装配）（品目73.23）

解析：该货品应归入品目73.23，因无相关注释而且品目73.23项下一级子目对此货品的归类没有规定，根据规则六可运用稍加修改的规则二归类。因此，依据稍加修改的规则二（一），该完整品的未组装件应与已组装物品归入同一子目；依据稍加修改的规则二（二），可将所述货品作为组装好的不锈钢制炒菜锅逐级归入品目73.23项下子目，即最终归入子目7323.93。（"同级子目比较过程"略）

以上六条归类规则，其中规则一至四是关于四位品目的归类规则，规则五是关于包容容器和包装材料的归类规则，规则六是关于子目的归类规则。规则一至四的运用是有先后顺序的，当对商品进行归类时，首先要考虑规则一能否确定商品归类。如果可以，就不能用下一条；如果不能，则继续考虑规则二能否确定商品归类，以此类推。

项目实训

请查找并归类以下商品的编码。

1.流动动物园里供表演用的珍珠鸡，重量为180克

2.流动蜂箱里的蜜蜂，非改良种用

3.盐腌的猪蹄筋，未经进一步加工

4.由黄牛乳制成的印度酥油，非零售包装

5.制糖过程中残留的甘蔗渣，呈团粒状

6.番茄汁（干重量为6%），未发酵，未加酒精

7.按重量计，铜80%、银10%、金7%、钯1.5%、铑1.5%组成的金属粉末

8. 2.5千克重的活鸡，种用

9.菠萝原汁加入了20%的水组成的混合物（白利糖度值小于20，供饮用）

10.味精，主要成分为谷氨酸钠，用于增加食品的鲜味

项目测试

一、单选题

1.解决商品归类的具有法律效力的依据包括归类总规则、类注、章注、子目注释，它们的优先顺序是（　　）。

A.子目注释—章注—类注—归类总规则　　B.归类总规则—类注—章注—子目注释

C.类注—章注—子目注释—归类总规则　　D.章注—子目注释—类注—归类总规则

2.在进行商品税则分类时，对看起来可归入两个或以上税号的商品，在税目条文和注释均无规定时，其归类次序为（　　）。

A.基本特征—最相类似—具体列名—从后归类

B.具体列名—基本特征—从后归类—最相类似

C.最相类似—具体列名—基本特征—从后归类

D.具体列名—最相类似—基本特征—从后归类

3.构成"归类总规则三（二）"所称"零售的成套货品"需同时符合规定的条件，（　　）不属于该规则所称"零售的成套货品"必备条件。

A.由至少两种看起来可归入不同品目的不同物品构成的

B.为了迎合某项需求或开展某项专门活动而将几件产品或物品包装在一起的

C.为促销而将两种货品组合在一起的

D.包装形式适合直接销售给用户而无须重新包装的

4.个人擦鞋用的成套旅行用具（由鞋刷、鞋油、擦鞋布组成，装于皮包内共同报验）应按（　　）归类。

　　A.鞋刷　　　　　　　B.鞋油　　　　　　　C.擦鞋布　　　　　　　D.皮包

二、多选题

1.下列选项中属于归类的依据的是（　　）。

A.《进出口税则》

B.《商品及品目注释》

C.《本国子目注释》

D.海关总署发布的关于商品归类的行政裁定或决定

2.以下表述正确的是（　　）。

A.《协调制度》总共6位数，前4位数字表示品目

B.品目由4位数构成，前2位代表所在类，后2位代表所在章的顺序号

C.《协调制度》第5位为一级子目，通常表示它在所属品目中的顺序号

D.《协调制度》第6位为二级子目，通常表示它在所属一级子目中的顺序号

3.所谓"零售的成套货品"必须同时符合的条件是（　　）。

A.包装形式适于直接销售给用户而无须重新包装

B.由归入不同品目号的货品组成

C.为了开展某项专门活动而将几件物品包装在一起

D.为了迎合某项需求而将几件产品包装在一起

4.下列货物属于《协调制度》归类总规则中所规定"零售的成套货品"的是（　　）。

A.一个理发套装小匣子，内含一把电动剃须刀、一把梳子、一条毛巾

B.一个礼盒，内有一瓶白兰地酒、一只打火机

C.一个礼盒，内有一包巧克力、一个塑料玩具

D.一碗方便面，内有一块面饼、两包调味品、一把塑料小叉

✐ 项目测试

参考文献

中国报关协会.关务基础知识[M].北京：中国海关出版社有限公司，2024.

中国报关协会.关务基本技能[M].北京：中国海关出版社有限公司，2024.

童宏祥，丁滟湫.报检报关理论与实务[M].上海：立信会计出版社，2024.

王艳娜.报关实务[M].4 版.大连：东北财经大学出版社，2023.

叶红玉.报关实务[M].5 版.北京：中国人民大学出版社，2025.

农晓丹.报关与报检实务[M].3 版.北京：北京大学出版社，2023.

《中国海关报关专业教材》编写组.2024 中国海关报关专业教材[M].北京：中国海关出版社，2024.

许丽洁.报检与报关业务从入门到精通[M].北京：人民邮电出版社，2020.

谢国娥.新编海关报关实务[M].北京：北京大学出版社，2022.